Elisabeth Beringer

Rudolf Steiner

Leben, Gedankenwelt, Impulse

Elisabeth Beringer

Rudolf Steiner

Leben, Gedankenwelt, Impulse

FUTURUM  **INFO3**

Impressum

Dieses Buch basiert auf der Ausstellung «Rudolf Steiner – Leben und Werk», konzipiert von Elisabeth Beringer.

Die Ausstellung steht interessierten Einrichtungen und Initiativen zum Selbstausdruck zur Verfügung und umfasst 18 reich bebilderte Tafeln, sechs zur Biographie Steiners, drei zu den Grundlagen der Anthroposophie und die restlichen zu Entwicklungsimpulsen, die Steiner angeregt hat und die bis heute nachwirken.

Die Ausstellung wurde in mehrere Sprachen übersetzt und bereits an vielen Orten im In- und Ausland gezeigt. Im Internet ist sie unter www.rudolf-steiner-ausstellung.de oder www.rudolf-steiner-exhibition.org zu finden. Eine komplette Version auf 18 leicht transportierbaren Roll-ups kann über Monika Elbert ausgeliehen werden: elbert@anthroposophische-gesellschaft.org.

Diese Publikation wurde ermöglicht durch Unterstützung seitens der GLS Treuhand e.V. und der Anthroposophischen Gesellschaft in Deutschland e.V.

1. Auflage 2012

Gestaltung: Sophia Heyden, Kommunikation & Design, Hamburg
Klimaneutraler Druck auf Envirotop Recycling - Papier: OFFSET COMPANY, Wuppertal. Printed in Germany

ISBN 978-3-85636-238-6   (FUTURUM Verlag)
ISBN 978-3-924391-62-1   (Info3 Verlag)

www.futurumverlag.com
www.info3.de

Leben   8

Gedankenwelt   34

Impulse   48

Anhang   104

Vorwort

Rudolf Steiner war einer der bedeutendsten Reformer des letzten Jahrhunderts. Seine Anregungen wirken bis heute in viele Lebensbereiche. Es gibt kaum ein Land der Erde, wo sich nicht eine Initiative für biologisch-dynamische Landwirtschaft, Waldorfpädagogik, anthroposophische Medizin oder Heilpädagogik findet oder Menschen sich für Eurythmie oder ein neues Geldwesen begeistern. Doch die wissenschaftlich-spirituellen Grundlagen werden kaum diskutiert, eher verdrängt, mitunter sogar bekämpft.

Wer war dieser Mensch? Was lebte in ihm, dass so vieles durch ihn entstehen konnte?

2011 konzipierte ich eine Ausstellung über Rudolf Steiners Leben und Werk. Daraus entstand in Zusammenarbeit mit dem Futurum Verlag und dem Info3 Verlag dieses Buch.

Elisabeth Beringer

Leben
1861 - 1925

Wenn wir nicht das tiefgründige Gefühl in uns entwickeln, dass es etwas Höheres gibt, als wir sind, werden wir auch nicht die Kraft in uns finden, uns zu einem Höheren hinauf zu entwickeln.

Rudolf Steiner: *Wie erlangt man Erkenntnisse der höheren Welten?*

Der Lebensweg Rudolf Steiners beginnt auf einem kleinen Bahnhof im heutigen Kroatien, wo der Vater als Telegrafist arbeitet. Steiner wird Naturwissenschaftler und Lehrer, arbeitet als Journalist, promoviert in Philosophie. Als Schriftsteller, Herausgeber und Regisseur wirkt er im Zentrum der zeitgenössischen Kunst zu Beginn des 20. Jahrhunderts.

Seine übersinnlichen Fähigkeiten hält Steiner lange verborgen. Er sucht einen Weg, mit ihnen auf wissenschaftlich gesicherte Art geistig zu forschen. Die Ergebnisse dieser Untersuchungen nennt er später «Anthroposophie». Wie solche Fähigkeiten ausgebildet werden können, beschreibt er in mehreren Büchern. Jeder Schritt dabei ist bewusst und selbstbestimmt.

Steiner wird damit zum wohl bedeutendsten spirituellen Lehrer des 20. Jahrhunderts in Europa. Er ist überzeugt, dass Esoterik im Leben fruchtbar sein muss. So setzt er Erneuerungsimpulse für Wissenschaften, Kunst, soziale und wirtschaftliche Gestaltung, die sich bis heute als zukunftsfähig, nachhaltig und menschenwürdig erweisen.

Die erste Lebenshälfte
1861 - 1896

1861 Aufhebung der Leibeigenschaft im Zarenreich Russland	**1865** Abschaffung der Sklaverei in den Vereinigten Staaten von Amerika
1863 Erste U-Bahn der Welt in London	**1867** «Das Kapital» von Karl Marx erscheint
Gründung des Roten Kreuzes durch Henry Dunant in Genf	**1869** Eröffnung des Suezkanals
	1871 Gründung des deutschen Reiches durch Otto von Bismarck

Frühe Kindheit und Dorfschule

Am 27. Februar 1861 wird Rudolf Steiner im Dorf Kraljevec (im heutigen Kroatien, damals Österreich-Ungarn) geboren. Der Vater arbeitet bei der österreichischen Südbahn und wird immer wieder versetzt, sodass die Familie oft umziehen muss.

Die schönste Zeit seiner Kindheit, 1863 - 1869, verlebt Rudolf in dem Dorf Pottschach am Rand des Wiener Beckens. Hier bekommt er noch eine Schwester und einen Bruder. *«Eine wundervolle Landschaft umschloss meine Kindheit.»*

Mit acht Jahren macht Rudolf seine erste übersinnliche Erfahrung. Als er davon spricht, nimmt man ihn nicht ernst. Von jetzt an unterscheidet er *«Dinge, die man sieht, und Dinge, die man nicht sieht»*. Es gibt vieles, was er nicht versteht, doch das muss er mit sich alleine ausmachen.

Seit 1869 wohnt die Familie in Neudörfl südlich von Wien. Zeitweise besucht Rudolf die Dorfschule. Er entdeckt die Geometrie. Ohne Zeichenmaterial konstruiert er in Gedanken Dreiecke und fragt sich, wo sich Parallelen eigentlich schneiden. Auf kindliche Art fühlt er: *«So wie die Geometrie muss man das Wissen von der geistigen Welt in sich tragen.»*

Café Griensteidl in Wien um 1895,
Treffpunkt der Künstler und Intellektuellen

1875 «Meter» wird von vielen Staaten als alleiniges Längenmaß eingeführt

1886 Nachweis der elektromagnetischen Wellen durch Heinrich Hertz

1890 1. Mai wird zum internationalen Arbeiterkampftag

1895 Der Chemiker und Erfinder Alfred B. Nobel stiftet den Nobelpreis

Der Physiker Wilhelm Conrad Röntgen entdeckt die Röntgen-Strahlen (x-rays), erster Nobelpreisträger für Physik

1896 Die Zeitschrift «Jugend» erscheint, die dem «Jugendstil» seinen Namen gibt

Schwester Leopoldine (sitzend) und
Rudolf Steiner (stehend) um 1866

Historische Aufnahme von
Pottschach am Rande des Wiener
Beckens

li: Karl Julius Schröer,
    Professor für Literatur
re: Technische Hochschule Wien

Realschule in Wiener Neustadt, Studium in Wien

1872 schickt ihn der Vater auf die naturwissenschaftlich ausgerichtete Realschule nach Wiener Neustadt. Mit 14 Jahren fängt er an, Nachhilfestunden zu geben. Die Reifeprüfung besteht er 1879 mit Auszeichnung. Sein Abschluss an der Realschule erlaubt kein Studium an der Universität. Doch er verbringt dort viel Zeit als Gasthörer in Philosophie, Literatur und Medizin.

1879 schreibt er sich an der Wiener Technischen Hochschule ein für die Fächer Mathematik, Physik, Chemie und Geologie, um Lehrer zu werden. Seinen Lebensunterhalt verdient er durch Privatunterricht.

Goethestudien

Der Literaturprofessor an der Technischen Hochschule, Karl Julius Schröer, begeistert Steiner für klassische Literatur, besonders für Goethe. Als zum ersten Mal in einer Gesamtausgabe auch Goethes naturwissenschaftliche Schriften erscheinen sollen, schlägt Schröer den 21-jährigen Studenten Steiner als Herausgeber vor. Steiner erkennt in Goethes Ideen des Typus und der Metamorphose die methodischen Grundlagen für eine Wissenschaft der organischen Natur. 1883 bringt er den ersten Band von **«Goethes naturwissenschaftlichen Schriften»** heraus und findet damit Anerkennung in der Fachwelt.

Mit Philosophie beschäftigt sich Steiner schon früh, studiert neben zeitgenössischen Philosophen Kant, Fichte und Hegel. Besonders wichtig ist ihm Schillers Abhandlung «Über die Ästhetische Erziehung des Menschen». In den folgenden Jahren setzt er sich intensiv mit der Frage der menschlichen Freiheit auseinander.

Privatlehrer

1884 beendet Steiner die Hochschule und wird Hauslehrer in einer jüdischen Kaufmannsfamilie. Ihm bleibt Zeit für seine Goethestudien. Oft sieht man ihn in einem der vielen Wiener Caféhäuser, vor allem im «Griensteidl», wo er Parlamentsberichte, Artikel und Theaterkritiken schreibt. *«Gerade in dieser Zeit war mein äußeres Leben ein durchaus Geselliges. Mit den alten Freunden kam ich viel zusammen.»* Dass er in all den Jahren weiterhin spirituelle Erlebnisse hat, darüber spricht er mit niemandem.

Am Goethe-Schiller-Archiv in Weimar

1889 geht Steiner zur Mitarbeit ans Goethe-Schiller-Archiv nach Weimar. Bald merkt er, dass ihm pedantische Archivarbeit nicht liegt. Doch er bleibt sieben Jahre dort. In dieser Zeit promoviert er in Philosophie an der Universität Rostock. Obwohl er Freunde hat und am Kulturleben teilnimmt, empfindet er sich als Exilant in einer Wüste. Das ändert auch eine innige Freundschaft mit der Witwe Anna Eunike nicht.

Die Freiheitsphilosophie

Seine Auseinandersetzung mit der menschlichen Freiheit bringt er zum Abschluss in seinem philosophischen Hauptwerk **«Philosophie der Freiheit»**, das 1893 erscheint. Darin beschreibt er das Denken als eine schöpferische Kraft, die unabhängig von einer äußeren Anregung einen Inhalt erzeugen kann. Das ist ein Akt der Freiheit. Für Steiner muss alles Erkennen und Handeln davon den Ausgangspunkt nehmen, wenn es frei sein soll.

Die Arbeit am Archiv beendet Steiner 1896. Seine Goethestudien fasst er zusammen in dem Buch **«Goethes Weltanschauung»**.

Rudolf Schobert, ein Mitstudent an der Technischen Hochschule Wien erinnert sich:

«Einmal war auch ich bei einem solchen Vortrag zugegen, in dem Rudolf Steiner in formvollendeter Darstellung und ganz backenrot vor Erregung Kants Kritik der reinen Vernunft einer Besprechung unterzog. … Dieses «a-priori», das Rudolf Steiner in fast jedem zweiten Satz gebrauchte, brachte ihm bei uns einen Spottnamen ein. Zuerst hieß er der «A-priori-Mann» … und zuletzt der «Prior». Aber Rudolf Steiner lachte bei all unseren Frotzeleien heiter mit.»

Rudolf Steiner 1891 in Weimar, als Mitarbeiter am Goethe-Schiller-Archiv

Goethe-Schiller-Archiv in Weimar

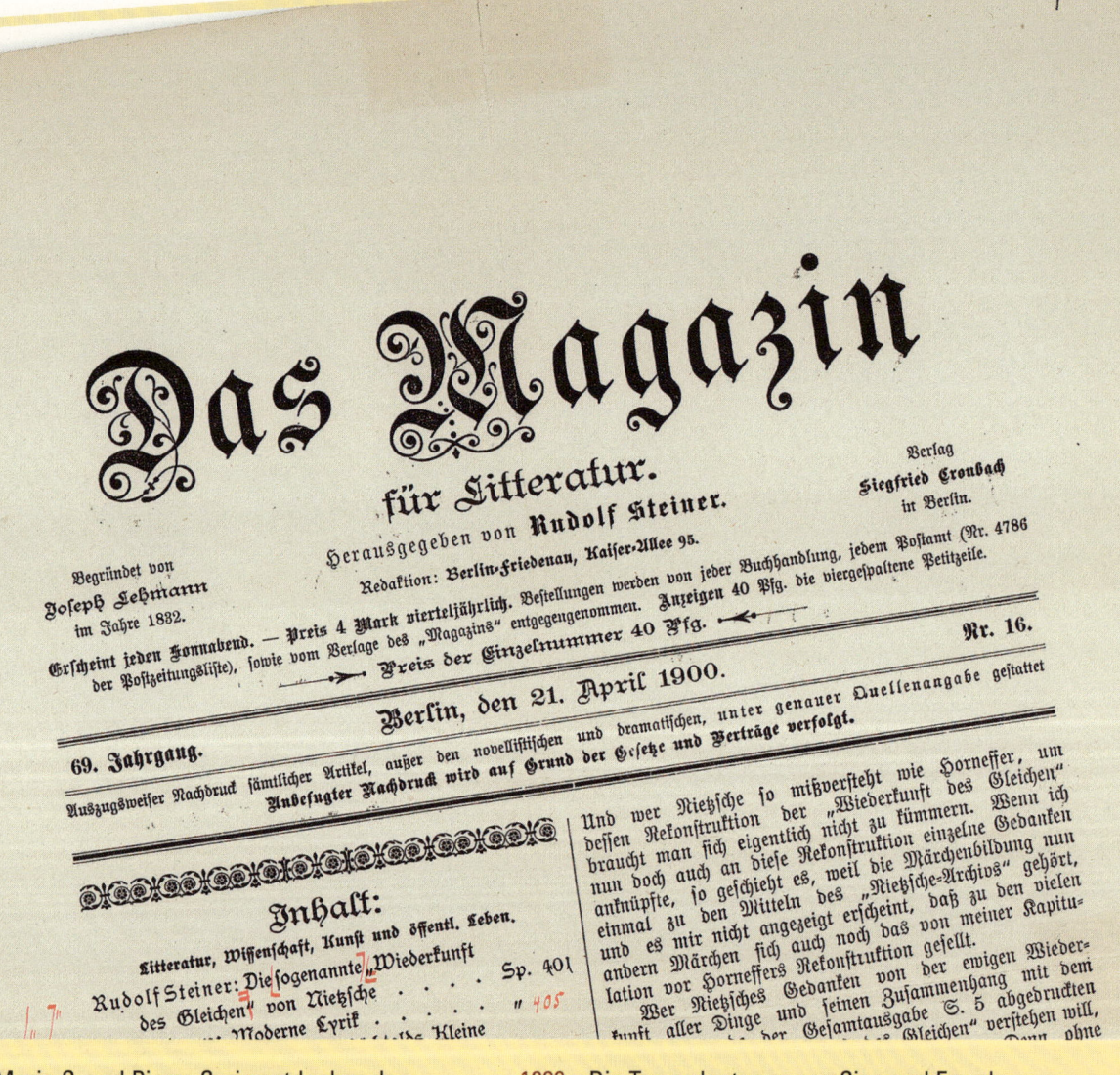

Das Magazin

für Litteratur.

Herausgegeben von Rudolf Steiner.

Redaktion: Berlin-Friedenau, Kaiser-Allee 95.

Verlag
Siegfried Cronbach
in Berlin.

Begründet von
Joseph Lehmann
im Jahre 1832.

Erscheint jeden Sonnabend. — Preis 4 Mark vierteljährlich. Bestellungen werden von jeder Buchhandlung, jedem Postamt (Nr. 4786 der Postzeitungsliste), sowie vom Verlage des „Magazins" entgegengenommen. Anzeigen 40 Pfg. die viergespaltene Petitzeile.

Preis der Einzelnummer 40 Pfg.

Nr. 16.

Berlin, den 21. April 1900.

69. Jahrgang.

Auszugsweiser Nachdruck sämtlicher Artikel, außer den novellistischen und dramatischen, unter genauer Quellenangabe gestattet. Unbefugter Nachdruck wird auf Grund der Gesetze und Verträge verfolgt.

Inhalt:

Litteratur, Wissenschaft, Kunst und öffentl. Leben.

Rudolf Steiner: Die sogenannte Wiederkunft des Gleichen" von Nietzsche ..... Sp. 401

.... Moderne Lyrik .... " 405

Und wer Nietzsche so mißversteht wie Horneffer, um dessen Rekonstruktion der „Wiederkunft des Gleichen" braucht man sich eigentlich nicht zu kümmern. Wenn ich nun doch an diese Rekonstruktion einzelne Gedanken anknüpfte, so geschieht es, weil die Märchenbildung nun einmal zu den Mitteln des „Nietzsche-Archivs" gehört, und es mir nicht angezeigt erscheint, daß zu den vielen andern Märchen sich auch noch das von meiner Kapitulation vor Horneffers Rekonstruktion gesellt.

Wer Nietzsches Gedanken von der ewigen Wiederkunft aller Dinge und seinen Zusammenhang mit dem ... der Gesamtausgabe S. 5 abgedruckten ... „Gleichen" verstehen will. Denn ohne

Als Bohemien in Berlin

Steiner ist 35 Jahre alt, als er nach Berlin zieht. Hier taucht er jetzt ganz unter in das quirlige Kulturleben. Er gibt das «Magazin für Litteratur» heraus, inszeniert zeitgenössische Theaterstücke und hält Vorträge über wissenschaftliche und literarische Themen. Mit vielen Künstlern und Wissenschaftlern ist Steiner persönlich bekannt. In unzähligen Kritiken, Rezensionen und Artikeln setzt er sich mit dem Kulturleben auseinander. Er ist oft in Geldnöten. Einem Wiener Freund schreibt er: *«Ich arbeite mich halb tot.»*

Mit dem Dichter Ludwig Jacobowski, dem Gründer des Literatenkreises «Die Kommenden» verbindet ihn eine tiefe Freundschaft. Der frühe Tod Jacobowskis trifft Steiner sehr. *«Alles an Ludwig Jacobowski war liebenswert ... und ich sehe auf die kurze Zeit unseres Zusammenlebens mit inniger Hingabe an den Freund zurück.»*

1899 heiraten Rudolf Steiner und Anna Eunike, die ebenfalls nach Berlin gezogen ist. Von 1899 bis 1904 unterrichtet Steiner an der sozialistischen Arbeiterbildungsschule. Er ist überzeugt, dass die Arbeiter keine Ideologie brauchen, sondern wirkliche geistige Erkenntnis. *«So stand ich durch das ‹Magazin› in der Notwendigkeit, in das bürgerliche Wesen unterzutauchen, durch meine Tätigkeit in der Arbeiterschaft in das proletarische.»*

Magazin für Litteratur,
das Steiner in Berlin herausgibt

1900	Protestbewegung in Deutschland gegen die Zensur der Kunst	1901	Gründung des Bundesstaates Australien
	Boxeraufstand in China		Einführung einer allgemeinen deutschen Rechtschreibung für Behörden (Duden)
1901	Einführung des ersten Frauenwahlrechts bei Kommunalwahlen in Norwegen		Gründung der Wandervogelbewegung durch den späteren Schriftsteller Karl Fischer

Anna Eunike,
erste Ehefrau Steiners, um 1895

Ludwig Jacobowski,
Dichter und Freund Steiners

li: Stefan Zweig, Dichter
re: Einladung zum Tanzabend der
Gruppe «Die Kommenden»

Friedrich Wilhelm Nietzsche,
Philosoph und Dichter, 1882

Innere Krise

Steiner fühlt sich Nietzsche und Stirner verwandt, die keine Macht über dem freien Menschen anerkennen. Daher lehnt er die kirchliche Dogmatik des Christentums ab. Der wissenschaftliche Materialismus kann seine Frage nach dem Wesen des Menschen aber auch nicht beantworten. So geht er vor Beginn des zwanzigsten Jahrhunderts durch eine tiefe Krise voll innerer Kämpfe.

In dieser Krise hat er ein Erlebnis, auf das er später nur ein einziges Mal mit wenigen Worten hindeutet. Er begegnet der Wirklichkeit des auferstandenen Christus: *«Auf das geistige Gestanden-Haben vor dem Mysterium von Golgatha in innerster ernstester Erkenntnis-Feier kam es bei meiner Seelen-Entwickelung an.»*

Von da an beschäftigen sich seine geistigen Forschungen mit dem Wesen des Christus, unabhängig von Kirche und Religion. *«Ich musste mich, nachdem die Prüfungszeit mich harten Seelenkämpfen ausgesetzt hatte, selber in das Christentum versenken, und zwar in der Welt, in der das Geistige darüber spricht.»*

Beginn des zwanzigsten Jahrhunderts

1900 soll Steiner einen Vortrag in der Theosophischen Bibliothek halten. Die Theosophische Gesellschaft war 1875 in den USA von Helena P. Blavatsky gegründet worden und ist einer östlichen Esoterik zugewandt. Steiner kennt diese Bewegung seit Wien und steht ihr ziemlich ablehnend gegenüber.

Ganz unerwartet erlebt er aber hier in Berlin Menschen, die ernsthaft an geistigen Fragen interessiert sind. Er hält seinen ersten esoterischen Vortrag über **«Goethes geheime Offenbarung»**. Ein Zyklus über die Mystik folgt.

Unter den Zuhörern ist Marie von Sivers, die für die Theosophische Bewegung arbeitet. Sie fragt Steiner, ob es nicht nötig sei, eine europäisch orientierte geistige Bewegung ins Leben zu rufen. Sein Ansatz, mit naturwissenschaftlicher Erkenntnismethodik das Geistige zu erforschen, hatte in der etablierten Wissenschaft kein Verständnis gefunden. Nun bietet ihm die Theosophische Gesellschaft die Möglichkeit, in diesem Sinne zu wirken.

Mitglied in der Theosophischen Gesellschaft

Steiner wird 1902 Mitglied und übernimmt bald die Leitung der neu gegründeten deutschen Sektion unter der Bedingung, nur über eigene esoterische Erfahrungen zu sprechen. Die bisherigen Tätigkeiten setzt er fort. Er nimmt sogar noch Stellen als Lehrer an einer jüdischen Mädchenschule und als Dozent an der Freien Hochschule, einem Vorläufer der Volkshochschule, an.

Für die theosophische Gruppe hält er Vorträge über **«Das Christentum als mystische Tatsache»**, die 1902 als Buch erscheinen. Im Christentum liegt für Steiner nicht das Wesentliche in der Lehre, sondern in der Tat des Christus, der auf Golgatha durch Tod und Auferstehung ging.

Stefan Zweig über Rudolf Steiner, dem er im Literatenkreis «Die Kommenden» begegnet:

«Gelegentlich trug er uns Kommentare zur Farbenlehre Goethes vor, dessen Bild in seiner Darstellung faustischer, paracelsischer wurde. Es war aufregend, ihm zuzuhören, denn seine Bildung war stupend und vor allem gegenüber der unseren, die sich allein auf Literatur beschränkte, großartig vielseitig.»

Helena Petrovna Blavatsky, Mitbegründerin der Theosophischen Gesellschaft

Gewerkschaftshaus Berlin - Mitte, Sitz der Arbeiterbildungsschule

17

Theosophisches Wirken
1902 - 1913

1903 Die Gebrüder Wilbur und Orville Wright bauen das erste erfolgreich gesteuerte Motorflugzeug

Einführung des Fingerabdrucks zur Identifizierung von Verbrechern in Dresden

1904 Kinderschutzgesetz in Deutschland verbietet Arbeit von Kindern unter 12 Jahren

1906 Erste Radiosendung durch Reginald Fessenden

1908 Krönung des zweijährigen Aisin Gioro Pu Yí, des letzten Kaisers von China

1909 Eröffnung der ersten Jugendherberge

1910 Die Erde durchquert den Schweif des Halleyschen Kometen

Vortragstätigkeit in der Theosophischen Gesellschaft

Ab 1904 tritt die theosophische Arbeit zunehmend in den Vordergrund. Steiner hält regelmäßig öffentliche Vorträge über verschiedene Themen, die mit der geistigen Entwicklung der Menschheit zusammenhängen. Marie von Sivers organisiert Vortragsreisen, zunächst innerhalb Deutschlands, später auch ins europäische Ausland, auf denen sie Steiner oft begleitet.

Steiner eröffnet neue Aspekte zum Wesen des Christus, zu den Evangelien und der Apokalypse. Intensiv setzt er sich mit der Frage nach Ursprung und Wirkung des Bösen auseinander. Aus christlicher Sicht spricht er über die Idee wiederholter Erdenleben.

Schilderungen über die geistigen Vorgänge der Evolution führen zum Buch **«Geheimwissenschaft im Umriss»**. Darin beschreibt er auch seine spirituellen Forschungsmethoden.

Seine Erfahrungen beim Erwerb übersinnlicher Fähigkeiten veröffentlicht er in **«Wie erlangt man Erkenntnisse der höheren Welten»**. Jeder Mensch kann ohne Voraussetzung selbst solche Fähigkeiten ausbilden. Diese Schulung basiert auf einer Weiterentwicklung des Denkens, wodurch der Übende immer die Kontrolle

Szenenbild aus «Pforte der Einweihung»
Drama von Rudolf Steiner in einer Aufführung von 1910

1910 Ende der Monarchie in Portugal

1911 Roald Amundsen, norwegischer Polarforscher, erreicht als Erster mit seiner Expedition den Südpol

1912 Untergang des britischen Luxusdampfers «Titanic»

1912 Patent auf rostfreien Stahl der Firma Krupp

1913 Niels Bohr, dänischer Physiker, stellt sein Atommodell vor

Marie von Sivers, 1903;
baut die deutsche Theosophische
Gesellschaft auf

Steiner hält öffentliche Vortrags-
reihen im Architektenhaus in Berlin

Andrej Belyj, Dichter

Eintrittskarte zur Uraufführung der
«Mysteriendramen» 1910

über sein Tun behält. Geheime Praktiken und alles, was in den freien Willen eingreift, lehnt Steiner entschieden ab. Damit wird er zum Pionier eines neuen westlichen Okkultismus.

Steiners Frau findet zur Theosophie kein Verhältnis. Das veränderte Leben wird für sie zur Belastung, und sie trennt sich 1904 von ihm.

1906 beginnt Steiner die Zeitschrift **«Luzifer-Gnosis»** herauszugeben, in der auch seine theosophischen Schriften erscheinen. Marie von Sivers gründet 1908 einen Verlag, der Steiners Bücher herausbringt.

Steiner beeindruckt die Menschen: tiefschwarzes Haar, federnder Gang, sprechende Gesten der schlanken Hände, manchmal eine fast asketische Erscheinung, dann wieder heiter und offen, mit volltönender, weittragender Stimme. Die Begegnung mit Steiner erleben viele Menschen als ein Freiheitserlebnis. Der russische Dichter Andrej Belyj schreibt: *«Zwei Augen, die nur eine Sekunde auf mich gerichtet sind; und – da blättern alle jemals erschienenen Träume von uns ab, und wir hören die Musik der jetzt mitten in der Seele leuchtenden Sonne. Diese Sonne ist der frei sich entfaltende Wille.»*

Kunstimpulse

Steiner drängt es, aus dem geistigen Erleben heraus auch künstlerisch zu gestalten. Schon bei den europäischen Kongressen der Theosophischen Gesellschaft in München inszeniert er seit 1907 Dramen des französischen Dichters und Theosophen Edouard Schuré.

Zu den Kongressen 1910 bis 1913 schreibt Steiner selbst vier **«Mysteriendramen»**. Darin werden die schicksalhaften Verflechtungen einer Personengruppe durch mehrere Erdenleben und ihre Bemühungen um Selbsterkenntnis dargestellt. In den griechischen Mysterienspielen erfuhr der Zuschauer durch Miterleben von Furcht und Mitleid eine seelische Reinigung und wurde zur Selbsterkenntnis geführt. Diesen Mysterienimpuls will Steiner in moderner Form wiederbeleben.

Steiner sucht neue Wege für die Dramaturgie, für Schauspiel und Sprache. Mit Marie von Sivers, die ausgebildete Schauspielerin ist, entwickelt er eine Sprachkunst, die tiefere, verborgene Schichten des Wortes gestaltet. Er regt eine neue Bewegungskunst an, die sichtbar macht, was im Bilden der Laute wirkt. Marie von Sivers nennt sie «Eurythmie», schöne Bewegung.

Ausschluss aus der Theosophischen Gesellschaft

In den Jahren von 1902 bis 1912 bauen Marie von Sivers und Rudolf Steiner die deutsche Sektion der Theosophischen Gesellschaft auf. Die neuen Mitglieder sind fast ausschließlich Hörer von Steiners Vorträgen. Zur Leitung der Theosophischen Weltgesellschaft wird das Verhältnis wegen Steiners christlicher Ausrichtung zunehmend schwieriger. Als die Leiterin Annie Besant einen jungen Inder zum neuen Weltheiland ausruft, wendet sich Steiner dagegen, was den Ausschluss der gesamten deutschen Sektion zur Folge hat.

1912 wird in Köln die Anthroposophische Gesellschaft gegründet. Steiner selbst wird nicht Mitglied, stellt aber seine Arbeit ganz in ihren Dienst.

Lory Maier-Smits, eine der ersten Eurythmistinnen, erzählt von einem Rat, den ihr Rudolf Steiner gab:

«Wenn Sie das nun alles gelernt haben und in die Welt gehen, um es anderen Menschen zu bringen, und Sie haben einen Schüler vor sich, der meinetwillen sechs Fehler macht, tun Sie mir den Gefallen und sagen Sie ihm erst den siebten!»

Theosophischer Kongress, 1907 in München

Eine der ersten Eurythmieaufführungen

Annie Besant, seit 1907 Präsidentin der Theosophischen Gesellschaft

Aufbau im Krieg und Nachkriegschaos
1913 - 1920

1914 Ausbruch des Ersten Weltkrieges

In den USA führt Henry Ford den Achtstunden-
tag und einen Mindestlohn ein

Beginn der ersten Fließbandproduktion in den
Ford - Automobilwerken

1914 Eröffnung des Panamakanals

1915 Türkischer Genozid an den Armeniern

Internationaler Frauenfriedenskongress
in Den Haag

Erster Giftgaseinsatz durch die deutschen
Truppen in Belgien

Bau eines Zentrums für Anthroposophie

Schon 1910 hatten die theosophischen Freunde beschlossen, ein eigenes Zentrum in München zu bauen. Dass der Bauantrag 1913 abgelehnt wird, erweist sich in der Folge als glückliche Fügung. Der Zahnarzt Dr. Emil Großheintz stellt ein großes Gelände am Rande des Dorfes Dornach bei Basel zur Verfügung. Als der Erste Weltkrieg ausbricht und Europa in Blut und Flammen unterzugehen droht, ist die neutrale Schweiz nahezu eine Insel des Friedens. Am 20. September 1913 erfolgt die Grundsteinlegung für einen Bau nach Steiners Entwurf, der den Namen «Johannesbau» erhält und später «Erstes Goetheanum» genannt wird.

Angehörige vieler verfeindeter Nationen wirken als Freiwillige am Bau zusammen, während der Geschützdonner von der nahen Frontlinie herüber hallt. Das geht nicht ohne Spannungen. Steiner hält regelmäßig Vorträge für die Anwesenden und versucht, Verständigung zu schaffen als Gegengewicht zu Hass und Vorurteilen.

Der russische Dichter und Maler Maximilian Woloschin schreibt darüber in seinen Erinnerungen: *«Diese Arbeit … war eine wunderbare und schwere Schule für eine menschliche und unpolitische Einstellung während des Krieges.»*

Ende 1914 heiraten Marie von Sivers und Rudolf Steiner im Alter von 47 und 53 Jahren.

Holzkonstruktion des ersten Goetheanum, eine Meisterleistung der Zimmermannskunst

Steiner schnitzt an der Statue
«Menschheitsrepräsentant»

li: Edith Maryon, Bildhauerin
re: Sophie Stinde, Steiners
    treueste Mitarbeiterin beim
    Bau des Goetheanum

Selbstportrait des Künstlers
Maximilian Woloschin, 1919

Mit der englischen Bildhauerin Edith Maryon arbeitet Steiner Modelle für eine Skulptur aus, die an zentraler Stelle im Goetheanum stehen soll. Wann immer er Zeit findet, schnitzt er an der neun Meter hohen Figurengruppe aus geschichtetem Ulmenholz. Das Zentralmotiv bildet Christus als Repräsentant der Menschheit zwischen zwei polaren Gegenmächten, die den Menschen zu weltfremdem Idealismus oder zu geistlosem Materialismus verführen.

Seit München steht Sophie Stinde bescheiden und völlig zuverlässig in allen Angelegenheiten des Baus Rudolf Steiner zur Seite. Ihr plötzlicher Tod 1915 ist ein schwerer Verlust für ihn, und es gibt niemanden, der sie ersetzen kann.

Politische Aktivität während des Ersten Weltkrieges 1914 - 1918

Steiner sieht mit tiefer Besorgnis den Propagandafeldzug der Entente für die Alleinschuld Deutschlands am Kriegsausbruch. Er fordert führende deutsche Politiker in Memoranden auf, dagegen Stellung zu beziehen und das dem Krieg vorangegangene Wettrüsten der umgebenden Staaten öffentlich darzustellen. Als sich 1916/17 die Chance für einen Frieden abzeichnet, formuliert er Ideen zu einer sozialen Neugestaltung in Deutschland als Basis für Verhandlungen. Durch einflussreiche Vermittler gelangen sie bis zu den höchsten politisch Verantwortlichen. Aber der Krieg wird weitergeführt.

Anstrengungen zur Neugestaltung der sozialen Verhältnisse nach dem Krieg

Nach Kriegsende 1918 unternimmt Steiner ungeheure Anstrengungen für eine soziale Erneuerung in Deutschland. In den größten Vortragssälen entwickelt er die Idee einer sozialen

Dreigliederung in ein freies Geistesleben, ein unabhängiges Rechtsleben und ein auf Brüderlichkeit basierendes assoziatives Wirtschaftsleben mit einer radikalen Entflechtung von Politik und Wirtschaft.

1919 verfasst er darüber einen **«Aufruf an das deutsche Volk und die Kulturwelt»**, den bekannte Künstler und Politiker unterzeichnen. Er wird als Flugblatt verteilt und erscheint in vielen Tageszeitungen. Sein Buch **«Die Kernpunkte der sozialen Frage»** erreicht schon im ersten Jahr eine Auflage von 80 000 Exemplaren. Dass sich die reaktionären Kräfte in Deutschland wieder durchsetzen, ist eine der bittersten Enttäuschungen in Steiners Leben.

Die erste Waldorfschule

Intensiv hatte sich auch Emil Molt, Direktor der Waldorf-Astoria Zigarettenfabrik in Stuttgart, für eine neue soziale Ordnung engagiert. 1919 will er eine freie Schule für die Kinder seiner Arbeiter gründen und bittet Steiner um Mitarbeit. Nach Steiners vorbereitenden Kursen für die künftigen Lehrer kann im September die erste Waldorfschule eröffnet werden. Das Schulkonzept findet bald weltweites Interesse. Steiner hält pädagogische Kurse in Deutschland, der Schweiz, England und Holland, denen Initiativen für Schulgründungen folgen.

Eröffnung des Goetheanum

Im September 1920 wird das erste Goetheanum in Dornach, obwohl noch unfertig, feierlich eingeweiht. Dieser außergewöhnliche Bau mit seiner künstlerischen Innengestaltung wirkt anregend, und es herrscht überall eine kreative Arbeitsstimmung. Eine rege Kurstätigkeit beginnt, in der auch junge Wissenschaftler als Vortragende einbezogen sind. Zur Eröffnung gibt es einen Hochschulkurs für Naturwissenschaftler unter der Mitarbeit der Mathematikerin Elisabeth Vreede.

Ein Betriebsleiter eines Stuttgarter Großbetriebes nach einem Vortrag Steiners zur sozialen Dreigliederung enthusiastisch:

«Herr Dr. Steiner, Sie können so große, das Gesellschaftsleben neu orientierende Gedanken vor uns entwickeln, weil Sie sich seit Jahrzehnten mit der Philosophie der menschlichen Gemeinschaft befasst haben.»

Rudolf Steiner antwortete schlicht:

«Nicht darum, lieber Herr N., sondern weil ich schon von frühester Jugend an gelernt habe, mir die Schuhe selber zu putzen.»

1. April 1914 – Menschen aus siebzehn Nationen schnitzen gemeinsam an den Säulenkapitellen des Goetheanum. …

… Schon sechs Wochen später werden die Säulenkapitelle auf die Säulen gehoben

Anthroposophische Gesellschaft im Wandel
1919 - 1923

1919 Unterzeichnung des Versailler Vertrages, der Deutschlands Alleinschuld am Ersten Weltkrieg feststellt

Ermordung von Rosa Luxemburg und Karl Liebknecht durch die Garde-Kavallerie in Berlin

Gründung der «Faschistischen Bewegung» in Italien durch Benito Mussolini

1919 Gründung der deutschen «Arbeiterwohlfahrt» durch Marie Juchacz

Walter Gropius gründet in Weimar das Bauhaus

1920 Gründung der NSDAP im Münchner Hofbräuhaus

Frauen erhalten in den USA das Wahlrecht

Initiativen und weitere Gründungen

Immer öfter fragen Menschen aus verschiedenen Berufsgruppen nach geisteswissenschaftlicher Vertiefung für ihre Arbeit. Der Pharmazeut Oskar Schmiedel regt medizinische Kurse an. Mit der Ärztin Dr. Ita Wegman entwickelt sich eine intensive Zusammenarbeit. Sie eröffnet 1921 in der Nachbargemeinde Arlesheim eine eigene Klinik, die Steiner regelmäßig zu Patientenbesprechungen besucht.

Zusammen mit Marie Steiner werden Kurse für Schauspieler und Eurythmisten durchgeführt. Ein Sprechchor und eine Eurythmiegruppe erarbeiten sich unter Marie Steiners Leitung Auftritte in vielen öffentlichen Theatern.

Dr. F. Rittelmeyer, Priester und Mitbegründer der freien Kirche «Die Christengemeinschaft»

Auch Theologiestudenten und Geistlichen um Dr. Friedrich Rittelmeyer erfüllt Steiner ihre Bitte um einen Kurs. Rittelmeyer gehörte schon zu den ersten Hörern von Steiners christologischen Vorträgen. 1922 gründet er mit Emil Bock eine Bewegung für religiöse Erneuerung. Daraus entsteht dann eine freie Kirche «Die Christengemeinschaft». Durch Rudolf Steiner erhält sie einen erneuerten Kultus.

1922 greift Steiner den Impuls der Arbeiterbildung wieder auf. Er richtet eine wöchentliche Stunde während der Arbeitszeit ausschließlich für die Arbeiter am Bau ein.

Aufnahme des Ersten Goetheanum vom Januar 1919

1920 Gründung der Kommunistischen Partei Chinas

1921 Filmpremiere von Charly Chaplins «The Kid»

Politisch motivierter Fememord am deutschen Finanzminister Matthias Erzberger

Isolation von Acetylcholin, dem ersten im Gehirn entdeckten Botenstoff

1922 Josef Stalin wird Generalsekretär der KPdSU

Ermordung Walther Rathenaus durch die Nationalsozialisten

Erste Diabetesbehandlung eines Menschen mit Insulin

Marie Steiner, Sprachgestalterin

Albert Steffen, Dichter

Dr. Ita Wegman, Ärztin

Darin bespricht er mit ihnen alle Themen, die ihnen am Herzen liegen, aus anthroposophischer Sicht. Für die neu gegründete Wochenschrift «Das Goetheanum» kann Steiner den Schweizer Schriftsteller Albert Steffen als Herausgeber gewinnen.

Widerstände und Gegnerschaft

Bei seinen Vorträgen in großen Sälen Deutschlands wird Steiner wiederholt von rechtsradikalen Gruppen angegriffen, sodass für seine Sicherheit nicht mehr garantiert werden kann. Auch von ultrarechten Kreisen aus Basel und von der katholischen Kirche des benachbarten Arlesheim verschärfen sich Drohungen und Kampfaufrufe gegen Steiner und die Anthroposophen. Die Anthropsophische Gesellschaft reagiert darauf nur unzureichend. *«Die Gesellschaft schläft»*, beschreibt Steiner die Lage.

Brand des Goetheanum

Nur etwas mehr als zwei Jahre kann das Goetheanum genutzt werden. Am 31. Dezember 1922 wird während eines Vortrages im Goetheanum ein Brand gelegt, der diesen wunderschönen Bau in einer Nacht völlig zerstört. Die selbstlose Arbeit so vieler Menschen und die finanziellen Opfer während der schweren Kriegszeit sind ein unersetzlicher Verlust. Er trifft Steiner bis ins Mark. Und doch lässt er sofort am nächsten Morgen die nebenan gelegene Schreinerei zum provisorischen Vortragssaal herrichten und setzt ohne Unterbrechung das angekündigte Tagungsprogramm fort.

Der Zustand der Anthroposophischen Gesellschaft ist so desolat, dass Steiner mehrfach daran denkt, sich ganz von ihr zurückzuziehen und nur mit einem kleinen Kreis ernsthafter Menschen weiter zu arbeiten. Doch dann regt er auf seinen Vortragsreisen durch Europa stattdessen die Neugründung einer internationalen Anthroposophischen Gesellschaft an.

Im November 1923, kurz vor der Gründungsversammlung, erfährt Steiner in Dornach vom Putschversuch Hitlers und Ludendorffs in München. Sofort lässt er seine Berliner Wohnung auflösen und verlegt seinen Wohnsitz nach Dornach. *«Wenn diese Herren an die Regierung kommen, kann mein Fuß deutschen Boden nicht mehr betreten.»* Auch der Verlag Marie Steiners in Berlin wird aufgelöst und nach Dornach verlegt.

Neugründung der Allgemeinen Anthroposophischen Gesellschaft

Etwa 800 Menschen kommen Weihnachten 1923 aus aller Welt zur Neugründung der Allgemeinen Anthroposophischen Gesellschaft nach Dornach.

Steiner übernimmt nun selbst ihre Leitung und schlägt die Mitglieder des Vorstandes vor. Es sind Menschen, die schon ihre Kompetenz und ihr Engagement für die Anthroposophie gezeigt haben: Marie Steiner, seine engste Vertraute und langjährige Weggefährtin, die Ärztin Dr. Ita Wegman, die Mathematikerin Elisabeth Vreede, der Dichter Albert Steffen und der Naturwissenschaftler Dr. Günther Wachsmuth.

Herzstück der Gesellschaft ist die Freie Hochschule für Geisteswissenschaft, gegliedert in Fachsektionen, die von den Vorständen geleitet werden. Sie bildet das Zentrum für die anthroposophische Forschung, um *«die denkbar größte Öffentlichkeit zu verbinden mit echter, wahrer Esoterik»*. Alle Schriften, auch diejenigen, die bisher nur Mitgliedern zugänglich waren, werden nun veröffentlicht.

Am 31. Dezember 1923 erleidet Steiner eine plötzliche Krankheitsattacke, die den fast 63-Jährigen sehr schwächt. Trotzdem bewältigt er in den nächsten Monaten ein ungeheures Arbeitsprogramm, bleibt aber davon gezeichnet.

Der niederländische Arzt F. W. Zeylmans van Emmichoven über sein erstes Gespräch mit Steiner:

«Bei diesem Gespräch hatte ich zu meinem Erstaunen die größte innere Freiheit erlebt, die ich je einem Menschen gegenüber empfunden habe. Und dabei stellt man sich doch vor, man komme zu Rudolf Steiner, dem großen Eingeweihten, der schaue durch einen hindurch, man stehe vollkommen durchsichtig vor ihm, – und erwartet große Befangenheit. Zu meinem Erstaunen war es gerade umgekehrt: Ich fühlte mich freier als je, wie aufgenommen in eine andere Welt, in der nur das Wesentliche zählt.»

Elisabeth Vreede, Mathematikerin

Dr. Günther Wachsmuth, Naturwissenschaftler

Enthusiasmus und Hingabe
1923 - 1925

1923 Einführung eines Jugendstrafrechts in Deutschland

Ausrufung der Republik Türkei durch Kemal Atatürk

Hyperinflation in Deutschland, ein Kilo Brot kostet 233 Milliarden Reichsmark

1923 Start des deutschen Rundfunks in Berlin

Putsch von Hitler und Ludendorff in München

Erdbeben in der Region Kanto in Japan mit 140 000 Toten

Uraufführung von Bertolt Brechts «Baal» in Leipzig löst Skandal aus

Letzte öffentliche Wirksamkeit

Der Wiederaufbau des Goetheanum wird beschlossen. Steiner entwirft ein völlig anderes Modell und wählt den damals modernsten Baustoff. Die Kalkformationen der umgebenden Juralandschaft setzt er künstlerisch in die architektonische Außenform um. Es soll weltweit der erste organisch gestaltete Großbau in Stahlbeton werden.

Steiners tiefste Intention liegt in der Entwicklung des Menschen zur Freiheit. Das ist nur durch fortschreitende Selbsterkenntnis möglich. An konkreten Beispielen schildert er die Methoden, wie karmische Gesetzmäßigkeiten studiert werden können. Er gibt Anleitungen zum Erforschen von Schicksalszusammenhängen in wiederholten Erdenleben.

Ihm ist wichtig, dass die Esoterik praktisch fruchtbar wird. Dazu braucht sie eine innere Substanz, die immer wieder neu von den Menschen erarbeitet werden muss. Für Mitglieder der Hochschule, die aus Eigeninitiative Verantwortung übernehmen wollen, hält Steiner neunzehn esoterische Stunden. Sie sollen den Teilnehmenden eine eigene Beziehung zur geistigen Welt vermitteln.

Europaweit setzt Steiner die Kurse für Pädagogen, Eurythmisten, Schauspieler, Ärzte, Heilpädagogen und Priester fort. Sie drängen sich in wenigen Monaten zusammen. Manchmal sind es vier Vorträge an einem Tag.

Zweites Goetheanum, gebaut nach Steiners Entwurf.
Aufnahme aus dem Jahre 1928

1923 Der Astronom Edwin Hubble beweist die Existenz von Himmelskörpern außerhalb der Milchstraße

1924 Hans Berger gelingt das erste Elektroenzephalogramm (EEG)

Erste Autobahn der Welt in Italien eingeweiht

1924 Uraufführung der «Rhapsody in blue» von George Gershwin in New York

1925 Genfer Protokoll zur Ächtung chemischer und biologischer Waffen tritt in Kraft

Werner Heisenberg veröffentlicht die Quantentheorie

Graf von Polzer-Hoditz

Schloß Koberwitz, Juni 1924

Emil Bock,
Priester der Christengemeinschaft

Modell für ein neues Goetheanum
von Rudolf Steiner

Pfingsten 1924 findet eine Tagung für Landwirte in Koberwitz bei Breslau statt. Daraus entsteht die biologisch-dynamische Landwirtschaft. Steiner ist tief befriedigt. Die Anthroposophie ist buchstäblich auf dem Boden angekommen.

Ein Mensch der Begegnung

Steiner ist ein Mensch der Begegnung. Schon dem kleinen Jungen erzählen die Dorfbewohner ihre Sorgen. Er hat die Fähigkeit zuzuhören. Unzählige Menschen schildern, dass sie sich von ihm in ihrem tiefsten Wesen erkannt fühlen. Sie berichten von seiner Güte und praktischen Hilfe. Mit allen nur erdenklichen Fragen kommen sie zu ihm. Auch in dieser Zeit wird keiner abgewiesen, doch es zehrt an seinem geschwächten Körper.

Am 28. September 1924 kommt es während eines Vortrags in Dornach zum Zusammenbruch seiner physischen Kräfte. Im Atelier, wo die fast vollendete Christusstatue steht, wird Steiners Krankenlager eingerichtet.

Krankenlager

Unter beinahe dauernden Schmerzen schreibt er an seiner begonnenen Autobiografie. Das Buch **«Grundlegendes zu einer Erweiterung der Heilkunst»**, das er gemeinsam mit der Ärztin Ita Wegman verfasst hat, wird fertig. Wöchentlich veröffentlicht er Briefe an die Mitglieder, in denen er die Anthroposophie in konzentrierten Leitsätzen zusammenfasst.

Trotz bester ärztlicher Behandlung durch Dr. Wegman und Dr. Noll bessert sich sein Zustand nur sehr langsam. Er hofft auf baldige Genesung und schickt zuversichtliche Briefe an Marie Steiner, die mit der Eurythmiegruppe auf Tournee ist.

An den langjährigen Vertrauten Ludwig Graf Polzer-Hoditz schreibt er noch am 25. März wegen seiner Geschwister Leopoldine und Georg. Seit Jahren kümmert sich der Freund um sie und übermittelt ihnen die medizinische und finanzielle Hilfe Steiners.

Für alle unerwartet schließt Rudolf Steiner am Morgen des 30. März 1925 die Augen und kehrt in die geistige Welt zurück.

Fassungslos trauern unzählige Menschen um ihn. Mehr als zweitausend Freunde kommen aus der ganzen Welt, um dem großen Denker, Künstler, Reformer und Geistesforscher das letzte Geleit zu geben und Abschied zu nehmen von einem unendlich gütigen Menschen.

Polzer-Hoditz schreibt in «Erinnerungen an Rudolf Steiner»: *«Eine herrliche Zeit des Lernens und Werdens unter seiner lieben Führung und Freundschaft ist beendet, von tiefer Dankbarkeit und Trauer erfüllt, stand ich unter Hunderten seiner Schüler und Tausenden seiner Freunde an seiner Bahre. … Rudolf Steiner wird uns in der geistigen Welt wieder um sich im Sonnenbereich Michaels vereinen, und gemeinsam werden wir dann bald wiederkehren zur Erde, um, wie er es in seinem letzten Vortrag versprach, wirksam und heilend eingreifen zu können, wenn eine große Menschheitskrisis wird entschieden werden müssen.»*

Emil Bock, Mitbegründer der Christengemeinschaft:

«Es lag etwas Unerhörtes, fast Atemberaubendes in der Fülle und Art der Wirksamkeit Rudolf Steiners in den Monaten des Jahres 1924, in denen er noch Vorträge halten konnte. Dabei sah man, wie schwer er bereits körperlich zu leiden und zu kämpfen hatte. Oft drohten ihn die Kräfte zu verlassen, dass die Freunde erschraken und um ihn zitterten.»

Die von Steiner geschnitzte neun Meter hohe Statue des Menschheitsrepräsentanten

33

Gedankenwelt

Wir können aber den Begriff des Menschen nicht zu Ende denken, ohne auf den freien Geist als die reinste Ausprägung der menschlichen Natur zu kommen. Wahrhaft Menschen sind wir doch nur, insofern wir frei sind.

Rudolf Steiner: *Philosophie der Freiheit*

Eigenständiges Denken ermöglicht dem Menschen Freiheit und Selbstverantwortung. Diesen Zusammenhang hat Steiner zur Grundlage eines Schulungsweges gemacht, der jedem eine Weiterentwicklung seines Bewusstseins ermöglicht. Die Erkenntnisfähigkeit wird dabei durch Übungen schrittweise erweitert über das Erfassen des bloß Materiellen hinaus.

Auch die Ergebnisse seines eigenen geistigen Forschens sind auf diesem Wege erworben und bilden den Inhalt der von ihm geschaffenen Anthroposophie. Eine zentrale Rolle spielt darin ein Christusverständnis, das unabhängig ist von kirchlicher Dogmatik oder materialistischer Interpretation.

Die nachfolgende kurze Darstellung von Steiners Philosophie, Anthroposophie und Christologie kann bei der Fülle seiner Forschungsergebnisse nur als eine Skizze verstanden werden. Das gedruckte Werk liegt heute in rund 350 Bänden vor und umfasst Bücher, Aufsätze und Nachschriften von mehr als 3 000 Vorträgen.

Philosophische Grundlagen

Menschliche Freiheit

Friedrich Schiller, Pastell von
Gerhard von Kügelgen

Die wichtigste Frage für Rudolf Steiner steht schon am Anfang seines Weges, es ist die Frage nach der menschlichen Freiheit. Er studiert die Philosophen verschiedener Epochen bis zu seinen Zeitgenossen. Besonders wichtig werden ihm Friedrich Schiller, Friedrich Nietzsche und Max Stirner.

In der Ausarbeitung seiner eigenen Philosophie geht Steiner vom Erkenntnisprozess selbst aus. Er sieht in Wahrnehmung und Begriff zwei Elemente, die allem Erkennen zugrunde liegen. In seiner «**Philosophie der Freiheit**» schildert er, wie wir durch die Wahrnehmung von den Dingen der Außenwelt wissen. Aber erst wenn der dazugehörige Begriff durch das Denken gefunden ist, haben wir sie erkannt. Der Begriff gehört zu einem Ding ebenso dazu wie seine Farbe oder sein Geruch. Er weist auf das geistige Gesetz, nach dem etwas gebildet ist. Und wie das Auge die Farbe sieht, so «schaut» das Denken den Begriff. Doch Wahrnehmungen, egal ob sinnlich oder begrifflich, fallen gewöhnlich ohne unser Zutun ins Bewusstsein. Wovon dies abhängt, durchschaut der Mensch nicht völlig. Deshalb kann er dabei nicht frei sein.

Nun kann aber das Denken selbst einen Inhalt erzeugen, der nicht von außen angeregt ist. Diesen selbst erzeugten Gedankeninhalt kann der Mensch betrachten – mit dem Denken. Dabei fallen dann Wahrnehmung und Denken zusammen. Nichts Fremdes mischt sich in diesen Prozess. Er ist völlig überschaubar und nur von der eigenen Tätigkeit abhängig. Damit ist er ein Akt der Freiheit. Steiner hat

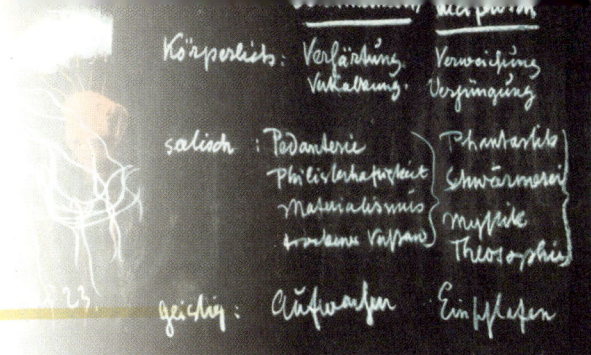

darin einen Punkt gefunden, von dem aus alle weitere Erkenntnis und Entwicklung des freien Menschen ausgehen muss.

Leib, Seele und Geist

Das Denken ist ein rein geistiger Vorgang. Es fällt vielen Menschen heute schwer,
sich unter «geistig» etwas vorzustellen.

869 wurde von der römischen Kirche auf dem Konzil zu Konstantinopel das Dogma aufgestellt, dass der Mensch nur aus Leib und Seele besteht. An einen Geist
im Menschen zu glauben, war ihren Christen fortan verboten. Wer eigene Einsichten in eine göttlich-geistige Welt suchte, wurde als Ketzer verdammt. Dieses
Dogma besteht in der katholischen Kirche noch immer. Es hat das Menschenbild
des Abendlandes entscheidend geprägt. Seine Nachwirkungen finden sich bis in
die heutige Wissenschaft.

Steiner stellt sich dem entgegen. Er vertritt den Standpunkt, dass es gerade der
Geist im Menschen ist, der seine Individualität ausmacht und ihm seine Würde
gibt. Leib, Leben und Seele haben auch andere Naturwesen. Doch einzig der
Mensch ist Träger eines geistigen Wesenskernes. Steiner nennt ihn das «Ich».
Das Ich ist nicht fassbar, sondern nur durch seine Tätigkeit zu erfahren. Es ist
das kreative Element im Menschen.

Die geistige Dimension erlebt Steiner nicht als etwas «Jenseitiges», zu dem
das menschliche Bewusstsein nicht vordringen kann, wie Immanuel Kant be-
hauptet. Aber auch gegen den Monismus Ernst Haeckels mit der willkürlichen
Beschränkung auf die materielle Welt wendet sich Steiner. Er selbst vertritt einen

spirituellen Monismus: Es gibt nur eine Welt, in der das Geistige ebenso dazugehört wie die den Sinnen zugängliche Wirklichkeit. *«Die Materie kann nie ohne Geist, der Geist nie ohne Materie existieren und wirksam sein»*, sagt Goethe. Und wie die Farbe für den Blinden zur Erfahrung wird, wenn man ihn erfolgreich operiert, so das Geistige für den, der sich geistige Wahrnehmungsorgane durch Schulung erworben hat. Der Schlüssel dazu liegt im menschlichen Ich.

Für Steiner ist der Mensch durch sein Ich unbegrenzt entwicklungsfähig. Die Evolution der Natur hat den denkenden Menschen als höchste Entwicklungsstufe hervorgebracht, und damit ein Wesen, das freiheitsfähig ist. Soll die Freiheit real werden, muss der Mensch auch frei handeln können. Die Bedingungen dafür untersucht Steiner ebenfalls in seiner **«Philosophie der Freiheit»**.

Eine Handlung vollzieht sich immer in einem konkreten Kontext. Der freie Mensch setzt sich das Motiv für seine Tat selbst als ethischen Begriff, den er durch sein Denken findet. Steiner nennt dies eine moralische Intuition. Eine Handlung aufgrund von Gewohnheit, Tradition, Religion oder irgendeiner Autorität kann keine freie sein. *«Der gerade Gegensatz dieses*

Menschheitsrepräsentant, ahrimanisches Wesen und luziferisches Wesen – Details aus der Skulptur «Menschheitsrepräsentant» von Rudolf Steiner

Sittlichkeitsprinzips ist das Kantsche: Handle so, dass die Grundsätze deines Handelns für alle Menschen gelten können. Dieser Satz ist der Tod aller individuellen Antriebe des Handelns. Nicht wie alle Menschen handeln würden, kann für mich maßgebend sein, sondern was für mich in dem individuellen Falle zu tun ist.» Damit steht der freie Mensch in der vollen Verantwortung für seine Taten. Die Kompetenz für die Umsetzung moralischer Intuitionen nennt Steiner «moralische Technik».

Freiheit bedingt auch die Möglichkeit zu Irrtum und Schuld. Ähnlich wie Schiller sieht Steiner die Ursache dafür in einem Abirren vom wahren Menschlichen. Schiller beschreibt in den «Briefen zur ästhetischen Erziehung des Menschen» zwei prinzipielle Arten, wie der Mensch sich selbst verlieren kann: *«Der Mensch kann sich aber auf eine doppelte Weise entgegengesetzt sein: entweder als Wilder, wenn seine Gefühle über seine Grundsätze herrschen, oder als Barbar, wenn seine Grundsätze seine Gefühle zerstören.»* Steiner nennt dasjenige «ahrimanisch», was der Naturseite des Menschen alleinige Geltung verschaffen und seine geistige Seite verleugnen will. Als «luziferisch» bezeichnet er, was durch Fanatismus und Ideologie die Alleinherrschaft des Ideellen gegenüber dem Leben erzwingt. Die Entwicklung zu einer wahren Menschlichkeit schließt das harmonische Gleichgewicht beider Kräfte, der materiellen wie der ideellen, ein.

Die Frage, ob es eine Freiheit gibt, ist für Steiner die Frage, wie der Mensch immer mehr zu einem freien Wesen werden kann. Er sieht darin einen Entwicklungsprozess, von dem die Zukunft der Menschheit abhängt. Steiners Anthroposophie könnte man einen spirituellen Humanismus nennen.

Menschenkundliche Grundlagen

Anthroposophie

Seine Forschungen nennt Steiner Anthroposophie von griechisch «anthropos» der Mensch und «sophia» die Weisheit. Im Mittelpunkt steht der Mensch. Steiner sieht ihn im Zusammenhang mit der ganzen Welt als einen Mikrokosmos im Makrokosmos. *«Ein Wesentliches ist es, die Wechselwirkung ins Auge zu fassen zwischen den Vorgängen im Innern des Menschen und den Vorgängen, welche sich draußen im Universum abspielen.»*

Das Wesen des Menschen ist für Steiner in Entwicklung begriffen. Was ein Mensch an sich arbeitet und veredelt, das verwandelt und entwickelt er zugleich an der Welt. Und wie der Mensch Leib, Seele und Geist besitzt, so auch der Kosmos. *«Es muss in der Gegenwart wiederum eine wirkliche Menschenerkenntnis nach Leib, Seele und Geist gesucht werden, aber nicht eine solche, die in abstrakten Ideen oder in abstrakten Gesetzen wurzelt, sondern die hineinschauen kann in die wirklichen Untergründe des ganzen menschlichen Wesens.»*

Dreigliederung findet Steiner als ein Grundprinzip in allem Lebendigen. Im menschlichen Leib entdeckt er drei funktionelle Organisationen. Das Stoffwechselsystem baut den Organismus auf und erhält ihn. Seine Prozesse verlaufen tief unbewusst. Polar dazu dient das System der Nerven und Sinne den Bewusstseinsvorgängen. Das sind Abbauprozesse, die den Organismus ermüden, sodass dieser immer wieder regeneriert werden muss. Vermittelnd zwischen beiden ist ein eigenständiges rhythmisches System mit Atmung und Kreislauf. Es bildet die Grundlage für das halb bewusste träumende Fühlen.

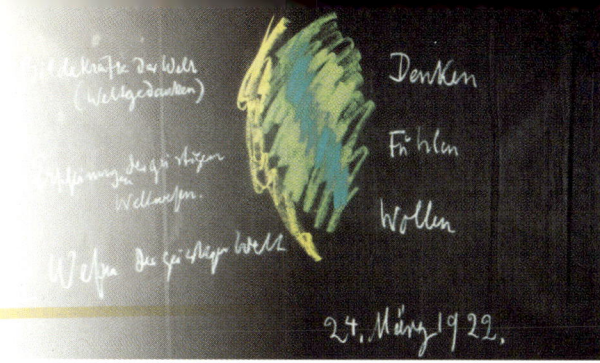

Diese drei Bereiche, die im menschlichen Organismus in harmonischer Weise zusammenwirken, erscheinen in der Natur auseinander gelegt in einseitigen Bildungen. Bei den Säugetieren etwa hat man die mehr sinneswachen Nagetiere, die stoffwechselbetonten Weidetiere und dazwischen die Raubtiere mit einem rhythmischen Wechsel von verdauender Trägheit und wachen Jagd- und Spielphasen.

Betrachtet man beispielsweise die Gebissbildung, so finden sich bei den Nagern lange, scharfe Schneidezähne, die ein Leben lang nachwachsen. Die Raubtiere zeichnen starke, oft vorragende Eckzähne aus, während für das Weidetier die ausgeprägten Mahl- oder Backenzähne typisch sind. Ist es noch dazu gehörnt, so fallen die oberen Schneidezähne sogar ganz weg. Das menschliche Gebiss zeigt nun nicht nur eine gleichmäßige Bildung aller Zähne, sondern sie sind dem Tier gegenüber sogar zurückgenommen. Der menschliche Mundraum wird zum Sprachorgan.

An diesem Beispiel wird die Eigenart des Menschen auch in leiblicher Hinsicht deutlich: Was beim Tier durch Spezialisierung an die Umgebung angepasst ist,

 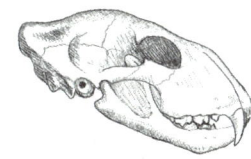  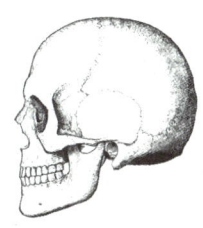

Murmeltierschädel mit nachwachsenden langen Schneidezähnen
Löwenschädel mit ausgeprägten Eckzähnen
Rinderschädel mit kräftigen Backenzähnen, der Oberkiefer hat keine Schneidezähne
Menschlicher Schädel mit zierlichem harmonischem Gebiss, Mundraum als Sprachorgan

bleibt beim Menschen undifferenziert. Dadurch kann es dem dienen, was über die Natur hinausgeht. Die ganze Bildung des menschlichen Leibes zeigt, dass er Träger eines geistigen Wesens ist. Nur der Mensch hat einen aufrechten Gang, der ihm erlaubt, seine Hände für schöpferisches Tun zu gebrauchen. Nur der Mensch hat Kehlkopf und angrenzende Organe in einer Art, dass er damit sprechen kann. Und nur beim Menschen ist das Vorderhirn so ausgebildet, dass es dem Denken als Grundlage dienen kann.

Im denkenden Menschen hat die Natur die höchste Stufe ihrer Evolution erreicht. Jetzt liegt die Weiterentwicklung in seiner eigenen Hand.

Weiterentwicklung des Menschen

Blattmetamorphose der Skabiose vom Keimblatt bis zur Blüte

Wie eine solche Weiterentwicklung geschehen kann, beschreibt Steiner mehrfach, etwa in **«Wie erlangt man Erkenntnisse der höheren Welten»**. Die gewöhnlichen Alltagsgedanken sind abstrakte Spiegelbilder von gestaltenden Ideen, die in der Natur wirken. Sie sind nicht falsch, sie sind wie das welke Blatt im Verhältnis zur ganzen lebendigen Pflanze. Macht man Übungen, wie sie Steiner schildert, wird das Denken beweglich und lebendig. So kann man nicht nur Begriffe und logische Strukturen erfassen, sondern Prozesse und Verwandlungen. Diese Art des Denkens nennt Steiner Imagination. Sie schaut hinter den unterschiedlichen Formen die Verwandlung selbst als zeitlichen Prozess. Alle organischen Funktionen beispielsweise sind solche Vorgänge, die sich im Physischen als Änderungen manifestieren. Sehr schön sieht man dies an Formverwandlungen der Blätter einer Pflanze vom Keimblatt bis zur Blüte.

Imagination ist vergleichbar einem Film ohne Ton. Um das Wahrgenommene zu verstehen, braucht der Mensch eine weitere Fähigkeit, die Steiner als Inspiration bezeichnet. Dazu muss der Mensch lernen, mit noch intensiverer Anspannung des Willens die Imaginationen wieder auszulöschen und auf das zu «hören», was diese Imaginationen hervorgebracht hat. Er erlebt, dass sie Taten von Geistwesen sind, die ihm bis dahin verborgen waren. Mit diesen kommt er in einen inneren Dialog, wenn in ihm eine Frage lebt. Wann und wie die Antwort gegeben wird, hängt von diesen Wesen ab.

Immer wieder muss der Mensch sich dabei streng selbst prüfen, um nicht durch Wünsche oder Ängste das Ergebnis zu verfälschen. Zweifelsfrei und unmittelbar wissen wir nur, was wir in unserem Ich bewusst wollen und willentlich denken. Durch eine dritte Fähigkeit, die Intuition, taucht der Mensch so ein in ein geistiges Wesen, dass er es wie sein eigenes Ich erlebt. Auf dieser Stufe hat er die Zweifel überwunden.

Freiheit als oberstes Prinzip moderner Einweihung

In unserer Zeit muss ein Eingeweihter die Freiheit des Menschen als oberstes Prinzip achten. Deshalb darf er nicht, wie in alten Zeiten, durch Wunder wirken. Er muss seine geistigen Erfahrungen in eine Gedankenform übersetzen, die dem anderen das Verstehen ermöglicht und ihn nicht zum Glauben zwingt. Deswegen ist es für Rudolf Steiner unverzichtbar notwendig, dass ein modernes spirituelles Bewusstsein auf einem gesunden Denken aufbaut. Seine Ausbildung ist jedem Menschen möglich. Er muss jedoch gleichzeitig entschieden und konsequent an seinem Charakter arbeiten, um nicht in Täuschungen zu verfallen und Hochmut, Seelenkälte oder Schlimmeres entstehen zu lassen. Steiner schreibt: *«Wenn du einen Schritt vorwärts zu machen versuchst in der Erkenntnis geheimer Wahrheiten, so mache zugleich drei vorwärts in der Vervollkommnung deines Charakters zum Guten.»*

Es ist die Frage, welche seelische und moralische Reife der Mensch für übersinnliche Erfahrungen besitzt. Das Gewissen ist ein untrüglicher innerer Richter. Geht der Mensch den von Steiner beschriebenen Weg, so erlebt er diese innere Stimme als Wächter. Es ist sein höheres Ich, das darüber urteilt, ob er die Verantwortung tragen kann, die mit den neuen Fähigkeiten verbunden ist. Daher führt der anthroposophische Schulungsweg nicht zu «schnellen Ergebnissen», bewahrt aber den Übenden vor Schaden für sich und andere.

Christologische Grundlagen

Christentum und Religion

Max Stirner,
Skizze: F. Engels

In Rudolf Steiners Elternhaus spielt Religion keine Rolle. Der Vater interessiert sich für Technik und Politik. Auch Steiner selbst hat in der ersten Hälfte seines Lebens ein eher kritisches Verhältnis zum Christentum. Seine Lebensfragen sind Erkenntnis, Freiheit und der schöpferische Mensch. Auch seine spirituellen Erfahrungen haben keine religiösen Inhalte. Sie sind Einblicke in das Wirken von Naturwesen und in den nachtodlichen Werdegang Verstorbener.

Innerlich fühlt sich Steiner in der Mitte seines Lebens Max Stirner verwandt und bezeichnet sich in geistiger Hinsicht als Anarchist. Er verficht entschieden die Idee der Evolution gegen die damals noch weitgehend vertretene kirchliche Auffassung einer materiellen göttlichen Weltschöpfung in sechs Tagen. In diesem Zusammenhang verteidigt er auch Ernst Haeckel gegen Angriffe.

Ernst Haeckel, Zoologe
und Philosoph

Durch seine übersinnlichen Erfahrungen ist ihm eine geistige Welt Realität. Das Denken hat dem Menschen die Freiheit gebracht. Die Naturwissenschaft fußt auf Denken und Erfahrung, schränkt beides aber willkürlich auf die materielle Seite der Welt ein. Was den Menschen über die Tierheit erhebt, erlebt Steiner aber gerade in seinem geistigen Sein. So ringt er mit der Frage nach dem Wesen und Sinn des Menschen.

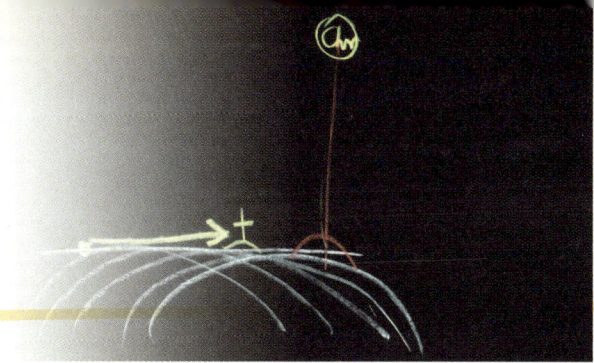

In dieser existenziellen Krise wird nun nicht eine neue Erkenntnis entscheidend für ihn, sondern ein reales Erlebnis. Er hat eine geistige Begegnung mit dem lebendigen auferstandenen Christus. Von da an ist ihm das Christentum eine innere Tatsache und er beginnt, darüber geistig zu forschen, unabhängig von Bibel, Tradition und kirchlicher Dogmatik. Die Ergebnisse dieser Forschungen stellen das Christentum in den Zusammenhang der ganzen Menschheitsentwicklung. Darüber hinaus entschlüsseln sie Dinge, die in der Bibel als Widersprüche auftreten, wie etwa die unterschiedlichen Schilderungen der Geburt Jesu in den Evangelien oder die doppelte Schöpfung des Menschen in der Genesis.

Einweihung in den alten Mysterien

Steiner beschäftigt sich mit den Weltreligionen und den alten Mysterien. Ihre unterschiedlichen Einweihungen gipfelten bei allen in dem Erlebnis des göttlich-geistigen Schöpferwesens. Bei den Persern wurde es zum Beispiel «Ahura Mazdao», die große Sonnenaura, oder bei den Griechen «Logos», das Wort, genannt. Es wirkte von der geistigen Sonnensphäre aus in der Evolution von Natur und Menschheit. Steiner nennt es den kosmischen Christus. Dieses höchste Geistwesen verließ die Sonnensphäre und verband sich bei der Taufe im Jordan in Palästina mit der menschlichen Wesenheit des Jesus von Nazareth.

Die Einweihung in den vorchristlichen Mysterien beschreibt Steiner als einen dreitägigen todähnlichen Zustand. Sie durfte nur nach langer und strenger Vorbereitung in der tiefsten Verborgenheit eines Tempels stattfinden. Im Geschehen auf Golgatha an der Zeitenwende erkennt Steiner einen Einweihungsvorgang. Doch vollzog sich dieser offen vor aller Augen: der Tod Christi am Kreuz, die Grablegung und die Auferstehung nach drei Tagen. Welche Bedeutung kommt dieser Tat zu?

Zu starke Verstrickung des Menschen-Ich in das materielle Dasein brachte die Bedrohung mit sich, dass mit dem Tod auch das Ichbewusstsein verlöscht. Dadurch hätte die Menschheit ihre Entwicklung nicht mehr fortsetzen können. Durch das Opfer des Christus auf Golgatha wurde allen Menschen ein «Auferstehungsimpuls» eingepflanzt, der das Ichbewusstsein auch über den Tod hinaus rettete. Im Griechischen wird diese neue Fähigkeit «Agape» genannt, was mit «Liebe» nur mangelhaft übersetzt werden kann. Sie ist die innere Kraft, das wahre Menschliche in sich und im Andern zu erfassen und das Handeln danach auszurichten. Der Mensch kann über den Egoismus hinaus kommen und heilend in der Natur wirken. Steiner nennt es «Schulden bezahlen». Diese Fähigkeit liegt in jedem Menschen, ob er einen Namen dafür hat oder nicht, und kann als wirklich menschliche Kraft nur aus Freiheit ergriffen werden.

Schicksal und Wiederverkörperung

Auf dem Weg zur Freiheit musste der Menschheit das unmittelbare Erleben der geistigen Welt verborgen werden. Sie musste selbstständig denken und aus eigenen Impulsen handeln lernen, mit der Möglichkeit zu Irrtum und Schuld. In engem Zusammenhang damit steht die Frage nach der Gerechtigkeit und nach dem menschlichen Schicksal. In der Tatsache der wiederholten Erdenleben findet Steiner den Schlüssel zum Verständnis dazu.

In der Phase einer rein geistigen Existenz zwischen Tod und neuer Geburt arbeitet der Mensch die im Erdenleben gemachten Erfahrungen um. Sie werden zu Fähigkeiten, mit denen er in der folgenden Inkarnation begabt ist. Steiner entdeckt, dass es nicht nur eine aufsteigende, sondern auch eine absteigende Entwicklung gibt. Durch Abhängigkeit und Schuld fällt der Mensch zurück gegenüber seinen Möglichkeiten. Unmoralische, egoistische Taten, die Anderen Schaden zugefügt haben, will der Mensch ausgleichen, denn sie bedeuten Rückschritte in der eigenen Entwicklung. Die Folgen seiner Taten für das Schicksal anderer Menschen und für die Natur bleiben als Tatsache in der Welt bestehen. Sie begegnen ihm wieder in einem folgenden Leben als sein eigenes Schicksal.

Geistige Wesen und ihr Wirken

Das Geistige ist nicht abstrakt, sondern ein Zusammenwirken vielfältiger Wesen. Ältere Kulturen hatten Götternamen für sie, die christliche Tradition kennt sie zum Beispiel als Engel, Erzengel, Cherubim oder Seraphim. Es sind unterschiedlich hoch entwickelte Geschöpfe, die weit fortgeschrittener sind als der Mensch. Sie wirken gestaltend in allem, was man als «Weisheit und Schönheit der Natur» in den Naturgesetzen ahnen kann. Nach dem Tode begegnet ihnen der Mensch und gestaltet mit ihrer Hilfe sein künftiges Schicksal.

Am engsten mit dem Wirken des Christus verbunden ist Michael. Das ist eine Wesenheit, die dem Menschen hilft, wenn er den Weg zum Geistigen sucht, und wenn er mutvoll das Menschliche dem Unmenschlichen entgegensetzt. Steiner bezeichnet den anthroposophischen Schulungsweg als eine Michaelschule. Durch sie kann der Mensch zum selbstverantwortlichen Partner geistiger Weltwesen werden.

Geistige Wesen und Vorgänge beschreibt Steiner aus eigenem Erleben und Forschen. Seine Anthroposophie ist eine Erfahrungswissenschaft, die auch das Übersinnliche mit umfasst. Ihre Darstellungen sind weder Fantasiegebilde noch Theorien. Das macht Steiner angreifbar. Eine Theorie kann man verteidigen, eine Erfahrung nur teilen und den Weg zu ihr aufzeigen.

Heute gibt es immer mehr Menschen, die übersinnliche Erlebnisse haben, und für die Christus nicht eine Glaubensfigur, sondern, wie für Steiner, erlebte Erfahrung ist.

Grünewald, «Auferstehung Christi», Ausschnitt aus dem Altarbild im Museum Unterlinden, Colmar

Albrecht Dürer, Apokalypsezyklus, «Michaels Kampf mit dem Drachen»

Impulse

Die Erkenntnisse der übersinnlichen Welten erweisen sich, richtig im Leben angewendet, nicht unpraktisch, sondern im höchsten Sinne praktisch.

Rudolf Steiner: *Wie erlangt man Erkenntnisse der höheren Welten?*

Mit dem Ersten Weltkrieg treten politisch-soziale Fragen bei Rudolf Steiner in den Vordergrund. Immer mehr Menschen suchen nun bei ihm Rat und Hilfe in ihren Berufs- und Lebensfragen. Er nimmt ihre Sorgen ernst und sieht darin auch einen Ausdruck der inneren und äußeren Krise der Zeit. So weit die Menschen das aufgreifen, entstehen daraus Entwicklungsimpulse für viele Gebiete. Einiges versandet, wird nicht verstanden oder kann sich nicht durchsetzen. Doch vieles, was zu seiner Zeit bahnbrechend war, zeigt bis heute seine Wirksamkeit. Und manches könnte den Blick auf aktuelle Probleme verändern und zu neuen nachhaltigen Lösungen führen.

Einige Beispiele seiner Impulse sollen im Folgenden dargestellt werden.

Steiner und die Kunst

Aufbruchstimmung herrscht überall in der Kunst zu Beginn des 20. Jahrhunderts. In Expressionismus und Impressionismus sucht man neue Formen und spielt mit der Wahrnehmung.

Seit 1910 betätigt sich Steiner zunehmend selbst in vielfältiger Weise als Künstler. Alle Bereiche des Lebens sollen «durchkunstet» werden. So spricht er auch von Erziehungskunst oder Heilkunst. *«Ein menschenwürdiges Dasein ist ohne die Durchsetzung unseres Kulturlebens mit künstlerischem Empfinden nicht zu denken.»*

Ästhetik als Wissenschaft über die Kunst

1888 schreibt Steiner als Autoreferat seine erste Abhandlung über Ästhetik. Erst Mitte des 18. Jahrhunderts wird Ästhetik als Wissenschaft der sinnlichen Wahrnehmung durch Alexander Baumgarten begründet. Er nennt sie eine «Wissenschaft von unten» und will sie der bisherigen, auf Theorien aufgebauten «Wissenschaft von oben» gleichberechtigt zur Seite stellen. Wie man durch die Ausbildung des Denkens zu logischen Urteilen kommt, so sollen durch die Schulung der Wahrnehmung sichere Geschmacksurteile möglich werden, die ebenfalls zur Wahrheit führen.

Schiller geht über Baumgarten hinaus und führt in seiner Abhandlung «Über die ästhetische Erziehung des Menschen» den Freiheitsgedanken in die Kunst ein. Im Geistigen wie im Materiellen ist der Mensch Gesetzen unterworfen. In der Kunst schafft er eine neue Verbindung von Stoff und Form durch einen schöpferischen Akt der Freiheit, den Schiller «Spiel» nennt. *«Der Mensch ist nur wahrhaft Mensch, wo er spielt.»*

Steiner sieht bei Schiller den Ausgangspunkt für die weitere Kunstentwicklung. *«Weil in der Wirklichkeit sich nirgends Geist und Natur decken,»* sind Kunstwerke nicht *«naturwahr»*, sondern *«bloßer Schein».* *«Aber sie müssen Schein sein, weil sie sonst nicht wahrhafte Kunstwerke wären. Mit dem Begriff des Scheines in diesem Zusammenhange steht Schiller als Ästhetiker einzig da, unübertroffen, unerreicht. Hier hätte man weiter bauen sollen.»*

li: Michael Tschechow, Regisseur und Schauspieler
re: Christian Morgenstern, Dichter

Harmonie in grünen Tönen, Aquarell von Maximilian Woloschin

Imre Makovecz, Bühnenbild zur Oper Herzog Blaubart von Bela Bartok

Schelling und Hegel vertreten in einer idealistischen Kunstauffassung, dass das Schöne die sinnliche Verkörperung des Ideellen sei. Das weist Steiner als Rückschritt entschieden zurück: *«Es ist deutlich gesagt, worauf es in der Kunst ankommt. Nicht auf ein Verkörpern eines Übersinnlichen, sondern um ein Umgestalten des Sinnlich-Tatsächlichen. Das Sinnliche soll nicht zum Ausdrucksmittel herabsinken: nein, es soll in seiner vollen Selbstständigkeit bestehen bleiben.»* Ebenso deutlich lehnt Steiner den Naturalismus als *«unkünstlerisch»* ab.

Steiners Ästhetik

In seinen späteren Vorträgen über Kunst zeigt Steiner auf, dass die Quelle künstlerischer Inspiration identisch ist mit dem Gebiet, das die Geisteswissenschaft als reale Geistwelt erkennt. Bei ihrer Erforschung verschwinden die materiellen Dinge, nicht aber die Kunstwerke. Sie sind zwar materiell, aber zugleich geistig real. Der Scheincharakter der Kunst in der sinnlichen Welt offenbart sich dem geistig Schauenden als höhere Wirklichkeit.

Die Wissenschaft des Geistigen ist vielschichtig und differenziert. Wie Auge, Ohr und andere Sinne unterschiedliche Erfahrungen der Sinneswelt liefern, so ist es auch bei der geistigen Forschung und bei der künstlerischen Produktion. Steiner beschreibt, wie sich die einzelnen Künste verschieden in die Sphären der Imagination, Inspiration und Intuition hineinstellen und aus ihnen heraus gestalten. Eine solche ästhetische Erkenntnis lähmt nicht den künstlerischen Prozess, sondern macht bewusst, was sonst im künstlerischen Tun verborgen bleibt. *«Wird man auf diesem Gebiet verstehen, um was es sich handelt, dann wird man sehen, dass dasjenige, was unter Sehertum gemeint ist, gut Freund sein kann mit künstlerischem Schaffen, dass sie sich gegenseitig anregen, befruchten können.»* Künstler auf vielen Gebieten wie beispielsweise Christian Morgenstern, Michael Tschechow, Alois Künstler, Josef Beuys, Andrej Belyj oder Raoul Ratnowsky haben die Anregungen dieser Freundschaft erlebt und fruchtbar gemacht.

In Theorien über Kunst sieht Steiner keinen Sinn. Ein Kunstwerk spricht für sich selbst und bedarf der Deutung nicht. Das Kunsterlebnis kann jedoch für jeden durch geistige Schulung differenziert und vertieft werden, und den Genießenden zur Inspirationsquelle des Künstlers vordringen lassen.

Für die Ästhetik als Forschungszweig der Geisteswissenschaft richtet Steiner 1924 die «Sektion für Schöne Wissenschaften» an der Freien Hochschule in Dornach ein. Die Leitung überträgt er dem Schweizer Dichter Albert Steffen.

Gérard Wagner, Wandfresko in der Freien Waldorfschule am Bodensee

Fritz Seiß, Schmuckanhänger aus Bernstein geschliffen

- Der Mensch soll nur mit der Schönheit spielen und er soll mit der Schönheit nur spielen
- Kunst ist Verwandlung des Stoffes durch den schöpferischen Menschen
- Liebe und Schaffen des Künstlers sind identisch
- Der schöpferische Prozess ist ein Atmen zwischen Tätigkeit und Reflexion

Ostern, Aquarell von Rudolf Steiner

Sergej Prokofieff, Kunsthistoriker:

*«Die Berührung mit dem Kunst-
impuls Rudolf Steiners erlaubt den
einmaligen Einblick in die geistige
Welt. Man hat das Gefühl, an die
Ursprünge jeder wahren Kunst
versetzt zu sein.»*

- Je individueller der künstlerische Ausdruck, desto allgemeiner die Wirkung
- Ein Künstler schöpft aus der Inspiration, entweder aus göttlicher oder aus dämonischer
- Geld kann kein Äquivalent für Kunst sein, es ermöglicht dem Künstler zu arbeiten
- Jede Tätigkeit des Menschen, wenn sie wahrhaft menschlich ist, wird zur Kunst

Goetheanum

Das Goetheanum als Gesamtkunstwerk

Assja Turgenieff, Künstlerin

Wie jeder Sinn einen anderen Aspekt der gleichen Wirklichkeit zeigt, ist jede Kunst ein anderes Ausdrucksmittel für den Menschen in seiner Totalität. Ein sprechendes Beispiel für ein Gesamtkunstwerk ist das erste Goetheanum (Johannesbau) in Dornach. Steiner nennt es ein *«Haus des Wortes»*. Die künstlerische Gestaltung des Innenraumes beschreibt er als Hülle für das, was darin geschieht. Es soll sich entsprechen wie Handschuh und Hand.

Der Eintritt ins erste Goetheanum muss für die Menschen überwältigend gewesen sein. *«Wer es nie erlebt hat, wird sich das Farbenwunder schwerlich vorstellen können. Der ganze Raum mit allen seinen Gegenständen, den Säulen, dem Gestühl, ja auch der Besucher*

Rudolf Steiner mit seinem Modell
des ersten Goetheanum

wurden von dem farbigen Glanz und Schimmer des von Süden her durch die dreigeteilten Fenster hereinflutenden Mittagssonnenlichtes ergriffen. Ganz überwältigt blieb man zunächst in tiefer Verwunderung stehen, bis man sich im Innern Rechenschaft darüber gegeben hatte, welche Farben das Licht durch die geschliffenen Fenster in Grün, Blau, Violett und Rosa annahm. Aber noch größer wurde das Staunen: Woher rührten z. B. das Orange, das Rot und das Gelb in dieser Intensität?» schreibt der Student und spätere Lehrer Heinz Müller.

So wie hier ein Mensch vom Farberleben ganz ergriffen wurde, so bot der Bau in allen Bereichen Außerordentliches. Allein die doppelwandige Holzkonstruktion von 34 m Höhe stellte höchste Anforderungen an Techniker und Handwerker. Den Grundriss bildeten zwei sich durchdringende Kreise verschiedener Durchmesser für Saal und Bühne. Sie wurden überwölbt von zwei Kuppeln, für die Steiner selbst die statischen Berechnungen durchgeführt hatte. Die beiden Kuppeln waren frei gegeneinander beweglich konstruiert. Als die Innengerüste entfernt werden sollten, verlangten die Baubehörden eine vollständige Räumung des Gebäudes.

Erstes Goetheanum: Grünes Fenster, geschliffen von Assja Turgenieff

Erstes Goetheanum: Plastische Gestaltung innen und außen

li: Faustmotiv, erstes Goetheanum: Deckenmalerei (Ausschnitt)
re: Modell des Christuskopfes für die Holzplastik «Menschheitsrepräsentant»

Steiner beobachtete den ergreifenden Moment in einer Fensternische, als die letzten Stützen fielen und die beiden Kuppeln nach ein paar ruhigen Schwingungen in der berechneten Lage zur Ruhe kamen.

Die Außenportale über Türen und Fenstern waren in Massivholz plastisch gestaltet. Die Säulen auf beiden Seiten der Innenräume mit geschnitzten Sockeln, Kapitellen und Architraven zeigten in den plastischen Motiven eine organische Formentwicklung. Sie wurde unterstützt durch die Verwendung verschiedener Holzarten. Aus heutiger Sicht sind die bildhauerischen Leistungen, die von Freiwilligen aus vielen Nationen erbracht wurden, fast unvorstellbar.

Beide Kuppeln waren ausgemalt. Hier hat Steiner versucht, die Perspektive der Linien zu ersetzen durch eine Perspektive der Farben. Rötliche, gelbe Töne kommen entgegen, blaue, violette ziehen den Betrachter ins Bild hinein. Es entsteht ein seelischer Raum, der die Unterscheidung von innen und außen überwindet. Die ungewöhnliche Leuchtkraft der Deckenbemalung wurde durch Extrakte aus Blüten erzielt. Für ihre Gewinnung hatte Steiner ein eigenes Farbenlabor eingerichtet.

Nur etwas mehr als zwei Jahre kann der Bau für Aufführungen und Vorträge genutzt werden. In der Silvesternacht 1922 wird er durch Brandstiftung völlig zerstört.

Wiederaufbau des Goetheanum

Bald nach dem Brand wird mit der Planung für einen Wiederaufbau begonnen. Als Material wählt Steiner dieses Mal Stahlbeton, ein damals noch relativ neues Baumaterial.

Steiner hatte sich in den Geist der Landschaft inzwischen tief eingelebt. Beim Entwurf des zweiten Goetheanum geht er von den Kalkformationen der Schweizer Juralandschaft aus. Die Außenarchitektur spiegelt diese Formelemente wider und fügt sich, sie künstlerisch erhöhend, organisch in die Umgebung ein. Diesen Gesichtspunkt führt auch der Gemeinderat von Dornach als ein wichtiges Argument gegen ein Aktionsbündnis zur Verhinderung des Baues an. *«Für uns handelt es sich nicht um die ... Details des Baues, sondern um seinen Gesamteindruck im Landschaftsbilde aus einer gewissen Entfernung.»*

So ist das zweite Goetheanum eines der ältesten Bauwerke in Stahlbeton. Zugleich ist es ein markantes Beispiel für die Möglichkeit organischer Gestaltung in dieser Größe bei derart sprödem Material. Daher wird es bis heute von Architekten aus aller Welt studiert.

Steiner selbst kann nur noch ein Modell der Außengestalt anfertigen, die Ausführung selbst erlebt er nicht mehr.

Kalkformationen der Schweizer Juralandschaft

Zweites Goetheanum: Westfront

Erstes Goetheanum:

- Entwürfe Rudolf Steiners für ein Theosophisches Zentrum in München; die Mitglieder wählen einen künstlerisch gestalteten Holzbau

- Freiwillige aus 17 Nationen schnitzen und malen gemeinsam, auch während des Krieges

- Steiner erfindet eine Glasradiertechnik zum Schleifen der farbigen Fenster; Ausführung von der russischen Künstlerin Assja Turgenieff

- Grundsteinlegung in Dornach, Schweiz, am 20. September 1913; Richtfest 1. April 1914

- Feierliche Eröffnung 26. September 1920

Zweites Goetheanum: Detail der Nordseite

Imre Makovecz, Architekt und Pionier der organischen Architektur in Ungarn:

«Am Anfang war auch ich ein Epigone. Ich wollte um jeden Preis wie Rudolf Steiner bauen, weil mir seine Art zu denken, sein Weltverständnis sehr entsprach. … Steiner hat nicht sich selbst in den Mittelpunkt gerückt, er war kein Narziss. Er hat sich mit der Welt beschäftigt. … Wenn man das Stadium der Nachahmung überwindet, bekennt man sich nicht länger zu einer bestimmten Lehre, sondern tut das, was in Steinerscher Terminologie ausgedrückt ‹aus Erkenntnis handeln› heißt.»

- Höhe 34 m; 66.000 Kubikmeter umbauter Raum
- Zweck- und Wohnbauten rund ums Goetheanum werden von Steiner im Sinne einer Gesamtkomposition entworfen
- 31. 12. 1922 völlige Zerstörung des Goetheanum durch Brandstiftung

Zweites Goetheanum:

- 1924 Entwurf Rudolf Steiners für einen Neubau in Stahlbeton
- Gebaut nach Steiners Tod 1925 -1928

Bühnenkunst

Mysteriendramen

Ab 1896 inszeniert Steiner zeitgenössische Theaterstücke in Berlin. Zu den Theosophischen Kongressen
in München 1910 bis 1913 bringt er selbst verfasste
Mysteriendramen mit Berufsschauspielern und Laien-
darstellern auf die Bühne.

Die Dramen schreibt er während der Proben. Parallel
dazu entwirft er Bühnenbilder und Kostüme. Manchmal
spielt und spricht Steiner die Rollen vor. *«Selten machte
er es uns auf der Bühne vor. Dann aber bekam man
den Eindruck einer konkreten Persönlichkeit»*, erinnert
sich der Schauspieler Max Gümbel-Seiling.

«Geist der Elemente», Szenenfoto aus Steiners «Pforte
der Einweihung» am Goetheanum in Dornach

Eurythmie

In diese Zeit fallen die ersten Bemühungen um eine neue Bewegungskunst. «Eurythmie» nennt sie Marie Steiner, schöne Bewegung. Auch wenn Steiner anfänglich immer wieder «Tanzkunst» sagt, betont er doch zugleich, dass sie damit eigentlich nichts zu tun habe. Eher habe sie ihren Ursprung in den griechischen Tempeltänzen.

Eurythmie setzt Sprache – später auch Musik – unmittelbar in Bewegung um. Die Kräfteströmungen, die beim Bilden der Laute die Sprachorgane bewegen, sollen sichtbar gemacht werden durch die Gesten der Arme und Hände. *«Was Sie auf der Bühne sehen, ist im Grunde genommen eine Art Kehlkopf, dargestellt durch den ganzen Menschen.»*

Das Stimmungsmäßige einer Dichtung kommt in der Dynamik, in der Choreografie einer Gruppe, in den gelaufenen Raumformen zur Erscheinung. Steiner selbst entwirft Hunderte solcher Eurythmieformen. In der Eurythmie wird nicht der Inhalt einer Dichtung naturalistisch wiedergegeben, sondern zum Ausdruck kommt, was hinter der Sprache immer schwebend ist, die Inspiration des Dichters. *«Da, wo wir selbst im*

Humoreske von Terra Nova

«Ahriman», Szenenfoto aus Steiners «Pforte der Einweihung» am Goetheanum

*Humoristischen, im Grotesken, im Possierlichen das Dichterische wiederzu-
geben versuchen durch Eurythmie, geben wir nicht etwa in Gebärdensprache
oder durch Pantomimen den wortwörtlichen Inhalt wieder, sondern in den
Formen … geben wir dasjenige wieder, was der Dichter, der Künstler, aus
dem Inhalt gemacht hat.»*

Rezitation

Stilisierte Gestaltung ist Steiner besonders wichtig bei der Sprache selbst. In
Marie von Sivers, seiner späteren Frau, findet er eine Partnerin mit dem gleichen
Anliegen. Sie hatte in Paris und St. Petersburg Rezitation und Schauspiel studiert.
Mit ihr zusammen entwickelt er eine neue Sprachkunst, die «Sprachgestaltung».

Was in der Sprache an Gestaltungskräften liegt und in der Eurythmie sichtbar
gemacht wird, soll durch den Rezitator in die Luft plasticiert und hörbar gemacht
werden. Der Künstler soll sich bis in die Lautgebung in eine Dichtung einfühlen.
Dann erlebt er eine tiefere Schicht der Sprache. Er findet Grundempfindungen,
etwa des Staunens beim A oder der Furcht beim U. Der Konsonant spricht von
dem, was die Seele an der Welt erlebt: ein Weiches, Wehendes, Wogendes im W
zum Beispiel, oder ein Kantiges, Knorriges, Eckiges im K. Es gibt Urmotive, die in
nahezu allen Sprachen gleich sind, wie das M als Ausdruck für etwas, dem man
sich vertrauensvoll anschmiegen kann: Mama.

Schauspiel

Auch für die Schauspielkunst entwirft Steiner einen neuen Kunstansatz. Er beschreibt sechs Grundgesten, die wie die Töne der Tonleiter unendlich variiert
werden können, und in denen der Schauspieler ein Gestaltungsmittel für seine
Rollen hat. Alles auf der Bühne ist Ausdruck, nichts darf zufällig oder willkürlich
sein. Aufgabe des Regisseurs ist es, aus einem Bühnenstück ein Gesamtkunstwerk zu bilden, das auch farbige Beleuchtung, Kostüm- und Kulissengestaltung
einschließt. Mit allen Sinnen soll der Zuschauer das Bühnengeschehen erleben
können. *«Als lebendige Imagination, als bildhaft-plastisches Geschehen will
sich das Drama vor dem Zuschauer entfalten»*, schreibt Jörg von Kralik, einer
der großen Schauspieler der Goetheanum-Bühne.

Weiterentwicklung bis heute

In vielen Ländern der Erde findet man Ausbildungsstätten für Bühneneurythmie, pädagogische Eurythmie und Heileurythmie sowie Bühnengruppen mit öffentlichen Aufführungen. Auch gibt es an zahlreichen Orten mehrjährige Ausbildungsgänge für künstlerische, pädagogische und therapeutische Sprachgestaltung.

Manchem Regisseur und Bühnenkünstler, wie dem begnadeten Michael Tschechow, war Steiners «Dramatischer Kurs» eine Quelle der Inspiration für seine Kunst. Die gesamte Fülle der Anregungen Steiners auf diesem Gebiet ist allerdings bis heute ein weitgehend ungehobener Schatz, der darauf wartet, neu entdeckt zu werden.

«Sternstunden», Eurythmeum Zuccoli

«Doppelgänger», Szenenfoto aus Steiners «Pforte der Einweihung» am Goetheanum

- Eurythmie ist sichtbare Sprache, sichtbarer Gesang
- Bewegung schafft den Raum
- Eurythmie ist in Bewegung umgesetztes Leben
- Der ganze Mensch wird in der Eurythmie zum Ausdrucksmittel

- Eurythmie gibt es heute als Bühnenkunst, als Unterrichtsfach an den Waldorfschulen, als soziales Übungsfeld in Betrieben und als Heileurythmie
- Im Rhythmus der Silben spricht sich die Poesie aus

«Sanat salasta ilmi» Finnisch-deutsches Eurythmieprogramm, Ulrike Wendt und Mikko Jairi

Michael Tschechow, Darsteller, Regisseur und Begründer des Tschechow-Studios, schreibt in seinem Buch «Die Kunst des Schauspielers»:

«Jetzt wollen wir uns fragen, wie der Schauspieler in inspirierten Augenblicken seine schöpferische Individualität erlebt. … Was geschieht mit Ihrem gewöhnlichen «Ich»? Es verblasst, tritt in den Hintergrund, und an seine Stelle tritt ein anderes, höheres «ICH». Sie spüren es vor allem als seelische Kraft. … Sie durchdringt ihr ganzes Wesen, strahlt von Ihrem Innern aus in Ihre Umgebung und erfüllt die Bühne und den Zuschauerraum. Sie stellt die Verbindung mit dem Publikum her.»

- Durch die Vokale findet man in das lyrische Erleben

- Im Drama steht das Bild als Bild, es entzieht sich der rein verstandesmäßigen Deutung

- Im schönen Schein erlebt der Mensch den Abglanz der Freiheit

- Wahre Kunst kann nicht materialistisch werden

- In der Sprache erfasst der Mensch sein göttliches Wesen

ZUKUNFT SÄEN!

Soziales Engagement

Soziale Fragen sind für Steiner kein theoretisches Problem, sondern entspringen eigener Erfahrung. Als nach dem Ersten Weltkrieg die alten Strukturen zusammenbrechen, setzt er sich intensiv für eine neue soziale Ordnung ein und hat engagierte Mitstreiter. Er verfasst einen Aufruf **«An das deutsche Volk und die Kulturwelt»** und schreibt das Buch **«Die Kernpunkte der sozialen Frage»**. *«In dieser Schrift wird durchaus nicht theoretisch festgesetzt: Dies soll so oder so sein. Sondern es wird zu Menschengemeinschaften angeregt, die aus ihrem Zusammenleben das sozial Wünschenswerte herbeiführen können.»* Das Wichtigste erscheint ihm die Entflechtung von Politik und Wirtschaft und ein selbstverwaltetes Geistesleben.

Aktion «Zukunft säen» auf dem
Demeter-Hof Höllwangen

Wirtschaft und Arbeit

Die Aufgabe des Wirtschaftslebens sieht Steiner darin, die Bedürfnisse der Menschen zu befriedigen. Das geschieht durch Produktion, Zirkulation und Konsum von Waren. Produzenten, Händler und Verbraucher sollen sich darüber direkt austauschen und zu überschaubaren Assoziationen zusammenschließen.

Steiner erlebt, wie entwürdigend es ist, seine Arbeitskraft verkaufen zu müssen, ohne genug zum Leben zu haben. Das ist ein Überrest der Sklaverei. Im Wirtschaftsleben wird alles, was bezahlt wird, zur Ware. Das gilt auch für die Arbeit. Die Lösung liegt nicht in der Höhe der Löhne. Steiners Vorschlag ist weder ein kommunistischer Einheitslohn noch ein bedingungsloses Grundeinkommen. Der Arbeitende soll statt Bezahlung der Arbeit einen vertraglich geregelten Anteil am Erlös der produzierten Waren erhalten. Damit verkauft er nicht seine Arbeit, sondern deren Produkt.

Im Geld sieht Steiner in erster Linie ein Äquivalent für Waren. Da die produzierten Waren irgendwann verbraucht sind, ist es ein Widersinn, wenn der entsprechende Geldwert unbegrenzt erhalten bleibt, und Geld sich sogar ohne entsprechende Pro-

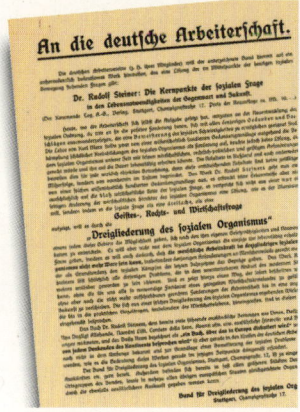

li: Rechte für Arbeiter: von Steiner gefordert
re: Gemeinsam zu hohen Zielen auf dem Buschberghof,
    eine «Community Supported Agriculture»

Beratung von Bio-Bauern im Kutch, Indien, Vertragspartner der anthroposophischen Heilmittelfirma Wala

Nachhaltige Produktion und fairer Handel von der Züchtung bis zur Vermarktung.

duktion vermehrt. Vielmehr kann es nur eine begrenzte Zeit einen Wert besitzen, wie die Ware, der es entspricht. Dieses «Sterben des Geldes» müsste bewusst und sozial verträglich gestaltet werden, sonst findet die Geldentwertung chaotisch durch Inflation und Wirtschaftskrisen statt.

Selbstverwaltetes freies geistiges Leben

Jeder Mensch hat individuelle Fähigkeiten, mit denen er sich ins soziale Leben einbringt. Er soll sie umfassend ausbilden, weiterentwickeln und einsetzen können. Sie sind die Quelle seiner Initiativkraft, durch die jeder seinen Beruf kreativ ausüben kann, und durch die Innovationen in allen Lebensfeldern entstehen. Das ist der Bereich des Geisteslebens, auf dessen Verwaltung und inhaltliche Gestaltung weder der Staat noch das Wirtschaftsleben einen Einfluss ausüben sollen.

Zu einem freien Geistesleben gehört vor allem ein freies, selbstverwaltetes Bildungswesen. *«Das Erziehungs- und Unterrichtswesen, aus dem ja doch alles geistige Leben herauswächst, muss in die Verwaltung derer gestellt werden, die erziehen und unterrichten. In diese Verwaltung soll nichts hineinreden oder hineinregieren, was im Staate oder in der Wirtschaft tätig ist.»*

Politik und Rechtsleben

Das Rechtsleben ist der eigentlich politische Bereich. Seine Aufgabe sollte ausschließlich die Gesetzgebung und die Rechtsprechung sein. Für eine gesunde Sozialordnung ist die *«Herauslösung alles Wirtschaftens aus dem Gebiet des politischen Staatswesens»* eine Notwendigkeit.

Jeder Mensch hat ein Grundrecht auf Zugang und Nutzung von Land für seine Tätigkeit und seine persönlichen Bedürfnisse. Grund und Boden kann keine Ware sein, denn er wird nicht durch menschliche Arbeit erzeugt und vermehrt sich nicht. Nutzergemeinschaften sollen Verteilung, Weitergabe und Nachfolge durch Verträge selbst regeln. Damit wird Grund und Boden der Spekulation entzogen.

Offen für Zukünftiges

Steiner sieht es als notwendig an, dass jede Generation, jede soziale Gemeinschaft sich die Verhältnisse schaffen kann, unter denen sie gemeinsam leben will. Das sollten weder politische, wirtschaftliche oder ideologische Machtverhältnisse verhindern – egal in welcher Staatsform.

Trotz intensiver Bemühungen ist es Steiner und seinen Mitstreitern damals nicht gelungen, den Ideen für eine gesunde Sozialordnung in Deutschland zum Durchbruch zu verhelfen. Doch sind nach dem Zweiten Weltkrieg aus diesen Impulsen erfolgreiche Wirtschaftsunternehmen, Genossenschaftsbanken, freie Schulen oder Hofgemeinschaften entstanden. Auch die Bewegung für direkte Demokratie hat hier ihre Wurzel. Angesichts zunehmender globaler Krisen bekommen Steiners Anregungen eine neue Aktualität.

Kundengespräch in der GLS Bank, der ersten sozial-ökologischen Genossenschaftsbank

Projektentwicklung in Teamarbeit, Freie Universität Witten / Herdecke

Mitspracherecht: ob als Genosse der GLS Bank oder als Bürger einer Demokratie

- Kultur und Bildungswesen müssen frei von politischen und wirtschaftlichen Einflüssen sein
- Soziale Verhältnisse müssen immer neu gestaltet werden
- Im Wirtschaftsprozess wird alles zur Ware
- Arbeitende sollen durch einen Anteil am Erlös der Produkte bezahlt werden

© Rapunzel Naturkost

Rechte für Arbeiter: von Steiner gefordert, in dieser Kakaogenossenschaft verwirklicht

Johannes Mosmann, Mitarbeiter am Institut für soziale Dreigliederung, Berlin:

«Die Wirtschaft schien mir ein Ungetüm, ich stand wie vor einer Wand. Durch Steiner bekam ich eine Perspektive, mich ins soziale Leben hineinzustellen, ohne mich zu verkaufen. Ich konnte meine Ideale behalten.»

- Entflechtung von Politik und Wirtschaft ist eine soziale Notwendigkeit
- Grund und Boden kann keine Ware sein
- Geld ist Äquivalent für Waren, Spekulation ein sozialer Widersinn
- Jeder muss am sozialen Gestaltungsprozess teilhaben können

Pädagogik

1919 – Gründung der ersten Waldorfschule

Emil Molt, Unternehmer

Schon früh kann Rudolf Steiner pädagogische Erfahrungen sammeln und ist viele Jahre als Lehrer für Kinder und Erwachsene tätig. Nach dem Ersten Weltkrieg engagiert sich Emil Molt, Direktor der Waldorf-Astoria-Zigarettenfabrik in Stuttgart, für Steiners Ideen einer sozialen Neugestaltung in Deutschland. Ihm leuchtet vor allem die Bedeutung eines freien Schulwesens ein, das auch den Arbeiterkindern einen echten Zugang zur Bildung ermöglicht. 1919 tritt er an Steiner heran mit dem Vorschlag zur Gründung einer Schule.

Molt sorgt für ein Gebäude, Steiner gibt den künftigen Lehrern einen ersten methodisch-didaktischen Einführungskurs. Am 7. September 1919 findet die feierliche Eröffnung der ersten Waldorfschule statt, deren Entwicklung Steiner in den Folgejahren betreut.

An die Lehrer stellt Steiner enorme Anforderungen. Ohne Lehrbücher sollen sie unterrichten und sich den jeweiligen Lehrstoff immer wieder aktuell erarbeiten. Sie brauchen ein breites Allgemeinwissen und eine lebendige Fantasie. Jungen Lehrern sagt er: *«Werden Sie Genies an Interesse!»* Genauso wichtig wie der Lehrstoff ist die Arbeit des Lehrers am eigenen Charakter. Der Lehrer bildet nicht durch den Stoff, sondern durch sein Vorbild.

Anthroposophische Grundlage der Pädagogik

Anthroposophie soll nicht in der Schule gelehrt werden, doch aus ihren Einsichten soll die Methodik und Didaktik des Unterrichts gewonnen werden. Für Steiner ist der Mensch ein Wesen, das sich lebenslang entwickeln kann. Es stellt sich die Frage, in

Gartenbau-Unterricht, 5. Klasse

In der großen Pause

Schulgebäude der Freien Waldorfschule Überlingen-Rengoldshausen

welchem Alter welche Fähigkeiten ausgebildet werden müssen, damit der junge Mensch am Ende der Schulzeit frei und selbstverantwortlich sein Leben gestalten kann.

Die Entwicklung vollzieht sich in Etappen von etwa sieben Jahren. Bis zum Zahnwechsel zeigt das Kind ein Urvertrauen in die Welt. Es ist noch stark mit der Ausgestaltung der leiblichen Prozesse beschäftigt und lernt vorwiegend durch Nachahmung. Die Pädagogik hat die Umgebung des Kindes nachahmenswert zu gestalten, was Raum und Spielzeug ebenso einschließt wie Sprache und innere Haltung des Erziehers.

In den Jahren bis zur Pubertät differenziert sich das Seelenleben aus, und es herrschen die Gedächtniskräfte vor. Ab der ersten Klasse werden daher zwei Fremdsprachen unterrichtet. Denken, Fühlen und Wollen sind gleichberechtigte Seeleneigenschaften. Neben intellektuellen Fähigkeiten soll durch vielfältige künstlerische Fächer ein reiches Gefühlsleben ausgebildet werden. Besonders wichtig war Steiner die Pflege der Willenskräfte durch handwerklichen Unterricht. Die Kulturentwicklung der Menschheit spiegelt sich in den Unterrichtsepochen der einzelnen Klassenstufen. Aller Unterricht soll so gestaltet sein, dass er belebend auf die Kinder wirkt.

Die Ausbildung von Intellekt und eigenständigem Urteil durch sorgfältige Beobachtung und kritischen Dialog steht im Mittelpunkt der dritten Phase. Ein solides Können schafft die Grundlage für Kreativität. Durch verschiedene Praktika in der Landwirtschaft, im handwerklichen Betrieb, in Industrie und Sozialeinrichtungen wird soziale Kompetenz erworben.

Den Schulabschluss bildet an vielen Waldorfschulen neben den staatlichen Prüfungen eine eigenständige Projektarbeit mit praktischem und theoretischem Teil. Sie wird öffentlich dargestellt. Dazu kommt ein Bühnenprojekt, bei dem neben dem Spiel auch Musik, Kulissen und Kostüme von den Schülern weitgehend eigenverantwortlich gestaltet werden. Waldorfpädagogik ist eine Erziehung zur Freiheit mit allen Chancen und Risiken der menschlichen Individualität.

1919 bis heute

Schon 1928 gab es weitere Schulen in Deutschland, England, Portugal, der Schweiz und den USA. In Deutschland lösten sich unter dem politischen Druck der Nationalsozialisten drei der neun Schulen selbst auf, die übrigen wurden 1941 geschlossen. Sofort nach Kriegsende 1945 nahmen sechs Schulen mit 1 474 Schülern die Arbeit wieder auf.

2012 gibt es in Deutschland 231 Schulen mit 84 048 Schülern. Weltweit arbeiten 1 023 Waldorfschulen mit mehr als 200 000 Schülern. Dazu kommen etwa 2 000 Kindergärten sowie Ausbildungsstätten für Lehrer und Erzieher in vielen Ländern.

li: In der Holzwerkstatt, 4. Klasse
re: Die Schüler werden persönlich begrüßt

Physik-Unterricht, 7. Klasse

Schmieden und Plastizieren, 9. Klasse

- Gesamtschule von der ersten bis zur zwölften Klasse
- Differenzierte Beurteilung in jedem Fach, ohne Noten
- Gleichwertigkeit von intellektuellen, künstlerischen und handwerklich-technischen Fächern
- Jedes Kind lernt ein Musikinstrument

Eurythmie-Unterricht, 10. Klasse

Swetlana Periderij, Lehrerin und Gründerin der Waldorfschule Dnjepropetrowsk, Ukraine:

«Ich sehe, wie die Waldorf-pädagogik fruchtbar ist bei den Kindern. Man arbeitet mit der Überzeugung, dass das für die Zukunft trägt.»

- Bei Bedarf entwicklungsbegleitende therapeutisch-künstlerische Maßnahmen
- Freie Selbstverwaltung der Schule
- Wöchentliche Lehrerkonferenzen
- Intensive Zusammenarbeit von Eltern und Lehrern

Heilpädagogik

Seelenpflege bedürftig

In Rudolf Steiners Drama «Die Pforte der Einweihung»
sagt eine der Hauptgestalten: *«Wir lassen jede Art des
Menschenwesens gelten»*. Es ist ein Grundmotiv in
Steiners Biografie.

Nach dem Studium unterrichtet Steiner als Hauslehrer
einen Jungen mit Hydrocephalie, der als kaum bil-
dungsfähig gilt. Bald schon kann dieser die Regelschule
besuchen und wird schließlich Arzt. In der Waldorfschule richtet Steiner eine Hilfsklasse für schwache
Schüler ein, die er Dr. Karl Schubert überträgt. Seit 1923
werden im Klinisch-Therapeutischen Institut von Dr. Ita
Wegman entwicklungsgestörte Kinder aufgenommen.

Trottel, Irre, Idioten, Geisteskranke sind gebräuchliche
Vokabeln zu Steiners Zeit. Sie spiegeln die damalige
Haltung zu Menschen mit Behinderungen. Sozialdar-
winistische Ideen über «unwertes» Leben beginnen

Sommerabend am Feuer in der Camphill
Gemeinschaft Hermannsberg

sich auszubreiten. Für Steiner ist der Begriff «normal» höchst fragwürdig. *«Man möchte sagen, irgendwo in einer Ecke sitzt bei jedem Menschen im Seelenleben zunächst eine sogenannte Unnormalität.»*

Für die erste heilpädagogische Einrichtung auf dem Lauenstein schlägt Steiner den Namen *«Heil- und Erziehungsinstitut für seelenpflegebedürftige Kinder»* vor. *«Wir müssen einen Namen wählen, der die Kinder nicht gleich abstempelt.»* Das Institut wird 1923 auf die Initiative von Franz Löffler, Siegfried Pickert und Albrecht Strohschein gegründet.

Heilpädagogischer Kurs

Im Juni 1924 hält Steiner einen Kurs für Ärzte und Heilpädagogen in Dornach. Hier beschreibt er detailliert das Zusammenwirken von leiblichen, seelischen und geistigen Prozessen. Die Individualität, die sich im «Ich» ausdrückt, ist geistiger Natur. Sie ist weder krank, noch abnorm, sie ist unbegrenzt entwicklungsfähig. Die leibliche Konstitution kann aber eine Hinderung sein, den Leib als Werkzeug benutzen zu können.

Steiner erweitert den Blick über die Behinderungen hinaus und bezieht

Frühstück im Kindergarten

Ausbildung motorischer, intellektueller und emotionaler Fähigkeiten

Im Pausenhof

das Wissen um wiederholte Erdenleben und die Gesetze der Karmabildung ein. Das menschliche Schicksal erscheint nicht nur als Folge voriger Erdenleben, es ist zugleich Vorbereitung für künftige. *«Jeder Grad von Besserung, den wir herbeiführen können, ist für den kranken Menschen ein Gewinn. Wir dürfen uns niemals trösten damit: Das Karma ist so, und daher nehmen die Dinge so diesen Verlauf … Denn das Karma kann verschiedene Wege gehen.»* Heilpädagogik hilft den Menschen, das Schicksal nicht nur fatalistisch hinzunehmen, sondern die Entwicklung in die Zukunft aktiv mitzugestalten.

Menschen mit besonderen Begabungen

Anhand konkreter Beispiele beschreibt Steiner, wie der Leib das Geistig-Seelische so zurückstauen kann, dass die Beziehung zur Außenwelt behindert wird. Der Leib kann aber auch zu durchlässig sein, wodurch das Seelisch-Geistige «ausfließt» und sich in der Umgebung verliert. Das zeigt sich bei jedem in unterschiedlicher Art und Intensität. Daher sollte sich besonders der Erzieher auf jedes Kind individuell einstellen.

Beim Schulkind steht der Unterricht im Zentrum, der sich am normalen Lehrplan der Waldorfschulen orientiert. Er wird begleitet von vielfältiger, anthroposophisch orientierter Behandlung. Der Erfolg des Unterrichts hängt ganz intim von der Beziehung zwischen Lehrer und Kind ab. Daher ist Selbsterziehung eine unabdingbare Grundlage für den Erzieher. Respekt vor der kindlichen Persönlichkeit, Ehrfurcht vor dessen Schicksal und unerschütterliches Vertrauen in seine Entwicklung sind notwendig.

Zu Recht spricht man heute von Menschen mit besonderen Begabungen. Sie bereichern die Gesellschaft durch Wärme, Lebensbejahung, Originalität, Mitgefühl. Würde kommt jedem Menschen zu, unabhängig von seinen individuellen Eigenheiten und Fähigkeiten.

Heilpädagogik bis heute

Ita Wegman setzt sich auch nach Steiners Tod 1925 entscheidend für die Heilpädagogik ein. Diese Entwicklung erfährt während der Zeit des Nationalsozialismus schwere Rückschläge. Menschen mit Behinderungen werden zu medizinischen Experimenten missbraucht und systematisch ermordet. Dr. Karl König, ein jüdischer Arzt aus Wien, emigriert mit einer Gruppe junger Menschen nach Schottland und gründet dort die erste heilpädagogische Camphill Gemeinschaft.

Nach dem Zweiten Weltkrieg entstehen viele neue heilpädagogische Initiativen. 1979 erfolgt ein internationaler Zusammenschluss zur «Konferenz für Heilpädagogik und Sozialtherapie» mit Sitz am Goetheanum, die Forschung und Ausbildung organisiert. Weltweit arbeiten heute etwa 650 Einrichtungen in 44 Ländern auf anthroposophischer Basis.

Sozialtherapeutische Lebensgemeinschaften haben häufig eigene Handwerksbetriebe wie diese Bäckerei…

li: … und Produktionswerkstätten (hier eine Weberei)
re: Fest- und Freizeitgestaltung ist fester Bestandteil in sozialtherapeutischen Lebensgemeinschaften

- Der Geist kann nicht krank sein
- Es gibt nicht den normalen Menschen, nur den individuellen
- Jede Begabung ist wichtig für die soziale Gemeinschaft
- Der Hilfsbedürftige gibt dem Helfenden die Chance, Liebe und Mitgefühl zu entwickeln
- Die Würde des Menschen ist unantastbar

Im Landwirtschaftsbetrieb Lichthof der Camphill Gemeinschaft Hermannsberg

Rüdiger Janisch, Heilpädagoge in der Camphill Special School Beaver Run, USA:

«Als ich studieren wollte, war ich so unzufrieden mit den Gesellschaftsverhältnissen, dass ich vielleicht revolutionär geworden wäre. Durch die Anthroposophie fand ich die Möglichkeit, positiv und kreativ zu gestalten. Heilpädagogik war für mich das Feld, an diesem Kulturimpuls aus dem Geistigen mitzuwirken.»

- In jedem Menschen steckt der Keim zum Genie
- Schicksal ist Folge der Vergangenheit und zugleich Vorbereitung für die Zukunft
- Jeder Mensch hat ein Recht auf Entwicklung, Selbstbestimmung und Teilhabe an der Gesellschaft

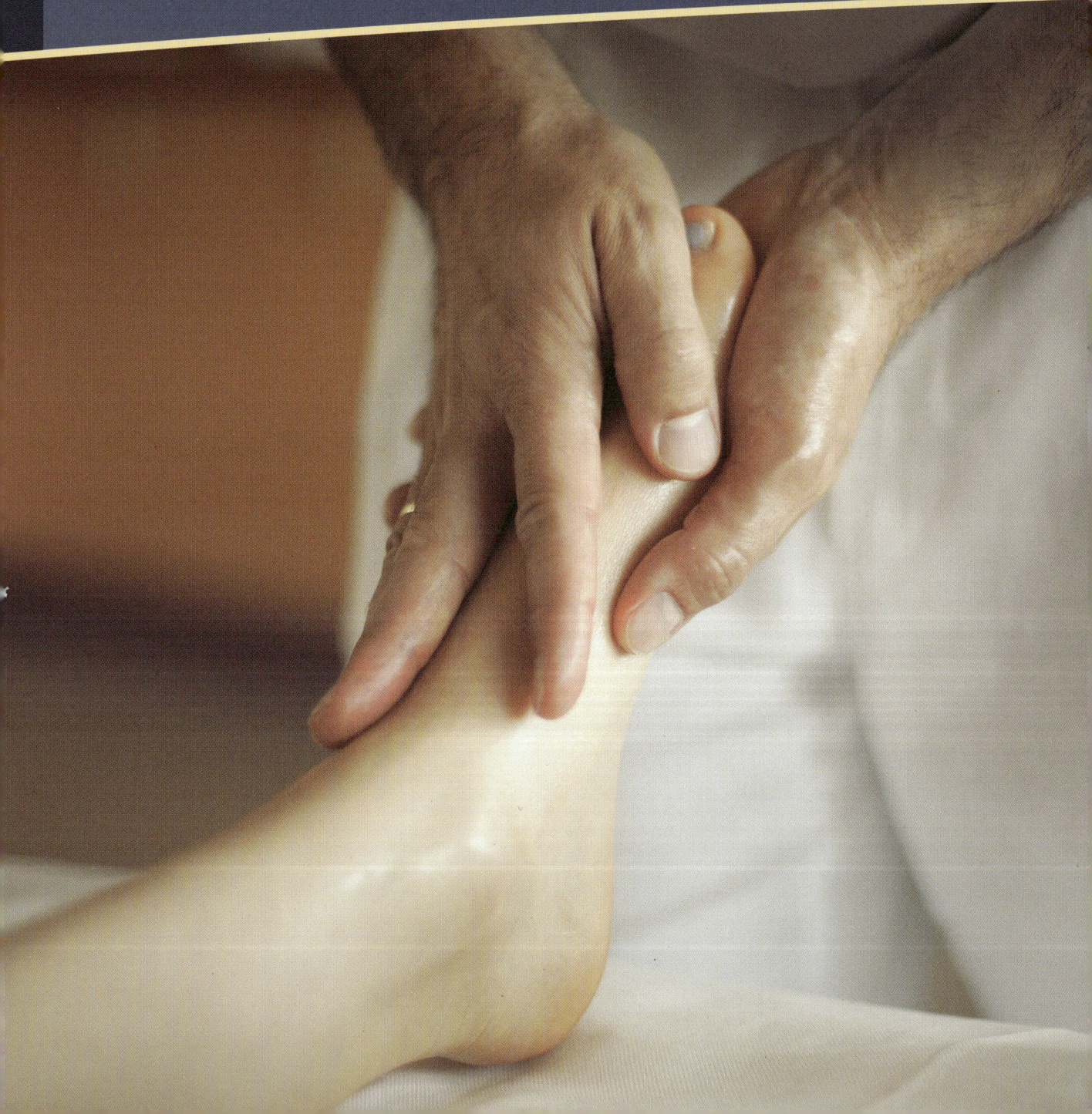

Medizin

Leib, Seele und Geist

Der Zusammenhang von Leib, Seele und Geist ist
eine Kernfrage Rudolf Steiners. Er durchzieht auch das
Konzept der ganzheitlich ausgerichteten Anthroposophischen Medizin.

Steiner entdeckt in seinen Forschungen über den
Organismus drei funktionelle Systeme: den mehr unbe-
wussten Stoffwechselbereich, in dem Aufbauprozesse
überwiegen, und im Gegensatz dazu das eher wache
und abbauende Nerven-Sinnessystem. Zwischen beiden
vermittelt das rhythmische System mit Atmung und
Kreislauf. Für die Anthroposophische Medizin gehört
diese Dreigliederung des Organismus zu den wichtigsten Arbeitsgrundlagen.

Zusammenarbeit mit Dr. Ita Wegman

Dr. Ita Wegman

In mehreren Kursen für Ärzte und Medizinstudenten gibt Steiner Anregungen zu einer geisteswissenschaftlichen Vertiefung der medizinischen Praxis. Er spricht über Naturprozesse und kosmische Wirkungen, beispielsweise in bestimmten Pflanzen, und zeigt deren Entsprechung im menschlichen Organismus auf. Diese evolutionäre Verwandtschaft wird in der Anthroposophischen Medizin zu therapeutischen Zwecken gezielt genutzt.

Seit 1921 steht Rudolf Steiner die Ärztin Dr. Ita Wegman zur Seite, die ihn schon sehr früh kennengelernt hatte. Sie verlegt ihre Klinik in die Nähe des Goetheanum. Steiner kommt regelmäßig zu Patientenbesprechungen. Gemeinsam schreiben sie das Buch **«Grundlegendes für eine Erweiterung der Heilkunst»**.

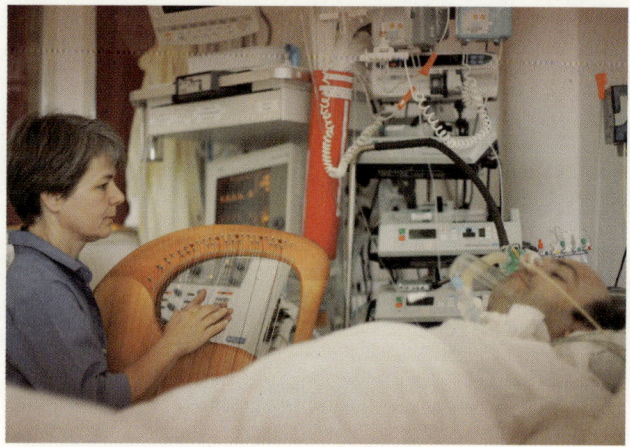

Im anthroposophischen Krankenhaus, Intensivstation – Musiktherapie

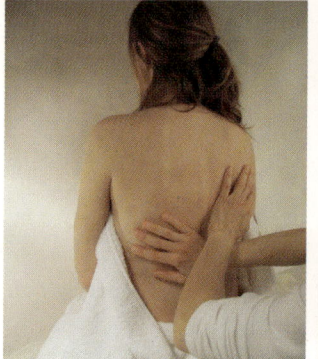 

Rhythmische Einreibung des Rückens und Heileurythmie mit wärmender Kupferkugel

Bei der Maltherapie

Ita Wegman und später auch andere entwickeln Massage und pflegende Anwendungen weiter. Damit sollen die Lebenskräfte gestärkt und die Selbstheilung des Patienten unterstützt werden.

Künstlerische Therapie

Kunst wirkt selbst schon heilsam. Rudolf Steiner gibt die Anregung, Kunst als ergänzende Therapie einzusetzen. Zur Ausarbeitung einer «Heileurythmie» hält er 1923 selbst noch einen Kurs. Für nahezu alle Künste entstanden aus diesem Impuls eigene, meist mehrjährige therapeutische Ausbildungsgänge.

Anthroposophische Ärzte arbeiten heute in 80 Ländern der Welt. Ihre Anerkennung setzt neben dem Medizinstudium eine anthroposophische Zusatzausbildung voraus. Es gibt eine Reihe eigener Forschungseinrichtungen, speziell auch zur Krebstherapie. Damit verbunden ist die Entwicklung und Herstellung von Heilmitteln auf anthroposophischer Grundlage.

Leben, Individualität und Würde

Für die Anthroposophische Medizin macht das Zusammenspiel des lebendigen Organismus mit Seele und Geist erst das Wesen des Menschen aus – auch im Krankheitsfall. Von zentraler Bedeutung sind Steiners Ausführungen über eine eigenständige Lebensorganisation und ihre Funktionen. Diese hilft dem Menschen, zu regenerieren und Störungen auszugleichen. Ist sie beeinträchtigt, können Krankheiten entstehen.

Im Mittelpunkt des therapeutischen Handelns steht der individuelle Mensch mit seinem einmaligen Schicksal. Daher werden auch Lebensumstände, Biografie und Umfeld mit dem Arzt besprochen. Es ist eine Stärke der Anthroposophischen Medizin, Selbstheilungskräfte zu aktivieren, damit der Patient Krisen, die sich als Krankheiten manifestieren, überwinden kann.

Oft bedeutet eine Krankheit für Patienten einen wichtigen Schritt in der eigenen Entwicklung. Viele empfinden und bejahen ihre Krankheit, gerade in sogenannten «hoffnungslosen» Fällen, als das zu ihnen gehörende Schicksal. Das Wissen um Karma und wiederholte Erdenleben hilft dabei, Entwicklungen zu begleiten und die Würde des Menschen auch in Situationen zu achten, in denen der Kranke ganz auf die Hilfe anderer angewiesen ist. Ärzte und Pflegende brauchen neben allem Fachwissen die Bereitschaft, an sich zu arbeiten. Für eine solche Selbstschulung hat Steiner spezielle Anleitungen gegeben.

Unbedingter Heilerwille

Eines erwartet Rudolf Steiner von jedem, der therapeutisch tätig ist: einen unbedingten Heilerwillen. Schon den Medizinstudenten hat er ans Herz gelegt: «... *dass unbedingt der Wille zum Heilen da sein muss. Dieser Wille darf niemals eine Beeinträchtigung erfahren. Er muss restlos immer soweit therapeutisch wirken, dass man sagen kann: Man tut alles, selbst wenn man die Meinung hat, dass der Kranke unheilbar ist. Ihr müsst diese Meinung unterdrücken, müsst alles tun zu seiner Heilung.*»

Heilpflanzen: Johanniskraut (Hypericum) und Blauer Eisenhut (Aconitum napellus)

Heilmittelherstellung: Zerreiben im Mörser und Potenzieren

- Im Mittelpunkt der Therapie steht der individuelle Mensch
- Die Selbstheilungskräfte werden angeregt und unterstützt
- Krankheit kann zu neuer Entwicklung führen
- Die Würde des Menschen bleibt in jeder Phase seines Lebens gewahrt und geachtet
- Anthroposophische Medizin ist nicht Alternative, sondern Erweiterung der Schulmedizin

Anthroposophische Krebstherapie verwendet Heilmittel aus Mistelextrakten

Ewa Wasniewska, Ärztin in Polen:

«Ich habe immer gesucht. Schulmedizin war nicht genug, um Patienten wirklich zu helfen. Die Grundlagen der Anthroposophie sind mein medizinisches Leben, sind so notwendig wie Essen und Trinken für mich.»

- Begleitende Maßnahmen wie Rhythmische Massagen und Einreibungen oder künstlerische Therapien unterstützen den Heilungsprozess
- Anthroposophische Fortbildungen aktualisieren und vertiefen das medizinische Verständnis
- Anthroposophische Heilmittel werden in eigenen Forschungseinrichtungen und mit speziellen Verfahren aus einer ganzheitlichen Weltsicht entwickelt

Entwicklung zu Beginn des 20. Jahrhunderts

Carl Graf Keyserlingk

Nach dem Ersten Weltkrieg hält der Kunstdünger Einzug in die Landwirtschaft. Neue ertragreichere Zuchtsorten, die dafür oft krankheitsanfälliger sind, werden eingesetzt. Mit der Industrialisierung in der Nahrungsmittelproduktion beginnt die Monokultur bei Weizen und Zuckerrüben mit ihren Folgeproblemen.

Anthroposophische Landwirte und Gutsbesitzer suchen bei Steiner Rat und Hilfe aus seiner geistigen Forschung. Pfingsten 1924 kommt es schließlich zu einem Kurs auf dem Gut des Grafen Keyserlingk in Koberwitz bei Breslau (heute: Wrocław).

Im Kuhstall. Stroh ist gut für die Kühe und verbessert den Mist

Landwirtschaft als Organismus

Als Grundidee stellt Steiner dar, dass ein landwirtschaftlicher Betrieb eine in sich geschlossene organische Einheit sein sollte mit einer großen Vielfalt an Pflanzen und Tieren. Alles, was der Hof zu seiner Produktion braucht, sollte möglichst auch im Betrieb erzeugt werden. *«Und jede Landwirtschaft müsste eigentlich sich nähern – ganz kann das nicht erreicht werden, aber sie müsste sich nähern – diesem Zustand, eine in sich geschlossene Individualität zu sein.»*

Wichtig für die Fruchtbarkeit der Böden sind Kühe. Sie liefern den benötigten organischen Dünger. Durch eine vielseitige Fruchtfolge wird Raubbau am Boden vermieden und Pflanzenkrankheiten entgegengewirkt.

Steiner stellt das Leben der Landwirtschaft in einen großen kosmischen Zusammenhang. Er führt aus, wie über den Kiesel im Boden die Kräfte der Sonne und der fernsten Planeten wirken und die Reifequalitäten ausbilden. Die Kräfte von Erde, Mond und erdnahen Planeten regen über den Kalk Wachstum und Substanzbildung an. Steiner schlägt die Herstellung

Bienen und andere Insekten sichern durch die Bestäubung einen wesentlichen Teil unserer Nahrung

Quarz und Kuhmist für die Herstellung biologisch-dynamischer Präparate

Kartoffelernte

von zwei sich ergänzenden Präparaten aus Kuhmist und aus fein zerriebenem Quarz vor, die diese Kräftewirkungen unterstützen.

Außerdem beschreibt er die Herstellung von sechs Pflanzenpräparaten, mit denen man den tierischen Dünger und Kompost behandeln kann. Dadurch werden die Mineralstoffe des Bodens von den Pflanzen in richtiger Weise aufgeschlossen. Diese Präparate erhöhen die Widerstandsfähigkeit der Pflanzen gegen Krankheiten und sensibilisieren sie für die kosmischen Kräfteeinstrahlungen.

Durch die Gliederung des Hofes in Äcker, Weiden, Wälder und Auen, und durch die Anlage von Hecken gestaltet der Bauer die Landschaft. Zugleich schafft er Lebensraum für Insekten, Vögel und Wildtiere.

Demeter, eine der ältesten Ökobewegungen

Die biologisch-dynamische Landwirtschaft hat inzwischen in vielen Ländern auf allen Kontinenten engagierte Anhänger gefunden. Oft sind es Verbraucher, die gemeinsam einen Hof finanzieren und damit auch neue soziale Modelle schaffen. Unter dem geschützten Produktnamen «Demeter» gibt es hofeigene Produktion und Vermarktung. Sie sichern nicht nur dem Landwirt zusätzliche Einnahmen, sondern schonen wegen kurzer Wege auch Umwelt und Klima. Dazu kommen zertifizierte Verarbeitungsbetriebe für Nahrung, Kleidung, Kosmetik und Medizin. Dem Dachverband «Demeter International» sind 4.200 Erzeuger in 43 Ländern angeschlossen.

Forschung und Züchtung bis heute

Bereits 1924 während des Koberwitzer Kurses wird ein Versuchsring gegründet, der Steiners Ratschläge in der Praxis anwenden und die Ergebnisse untersuchen soll. Für die Forschung im Lebendigen werden zum Teil eigene Verfahren entwickelt, etwa bei Qualitätsuntersuchungen im feinstofflichen Bereich.

Immer werden auch aktuelle Probleme aufgegriffen, wie die Bedeutung der Kuhhörner für die Qualität der Milch oder das Bienensterben in Amerika. Der kritischen Auseinandersetzung mit der Gentechnik kommt eine besondere Bedeutung zu, vor allem der Frage nach den Gefahren für Natur und Gesundheit.

Ein wichtiges Gebiet biologisch-dynamischer Arbeit liegt in der Züchtung neuer Gemüse- und Getreidesorten, bei denen die Nahrungsqualität im Vordergrund steht. Durch gesunde, gentechnikfreie Sorten, die besonders geeignet sind für den ökologischen Anbau, wird eine auch wirtschaftlich sinnvolle Alternative zum Angebot der multinationalen Saatgutkonzerne bereitgestellt. Diese Sorten leisten einen wesentlichen Beitrag zur Erweiterung der bedrohten biologischen Vielfalt.

Weizenfeld – Getreide ist die Grundnahrung des Menschen

Tomaten - Diversität statt Monokultur

Freilaufende Hühner mit Hahn – sie erhalten nur biologisch-dynamisches Futter

Biologisch-dynamische Landwirtschaft ist EG-Bio zertifiziert und bedeutet zudem:

- Keine Gentechnik in Anbau oder Verarbeitung
- Keine Anwendung von Herbiziden, Fungiziden, Pestiziden
- Kein Kunstdünger

Wesensgemäße Tierhaltung:

- Keine Enthornung der Kühe
- Regelmäßiger Weidegang
- Keine Käfighaltung bei Hühnern
- Nur biologisch-dynamisches Futter

Peter Apfelstädt, Bauer am Lichthof, einem Demeterbetrieb am Bodensee:

«Wenn meine eigene Erfahrung auf das trifft, was Steiner gesagt hat, entdecke ich die großen Zusammenhänge. Das finde ich faszinierend. Die biologisch-dynamische Landwirtschaft lehrt mich, die Gesetze des Lebendigen zu verstehen, und leitet mich zum Sozialen hin.»

Kupferhalsziege – Artenvielfalt fordert den Erhalt gefährdeter Landrassen

- Natürliche Bienenzucht
- Anwendung spezieller biologisch-dynamischer Präparate
- Hofeigener organischer Dünger
- Mehrjährige Fruchtfolge

- Biologisches Saatgut
- Schonende giftfreie Verarbeitung

und viele weitere Selbstverpflichtungen der Demeterbetriebe

Naturwissenschaft

Steiners naturwissenschaftlicher Werdegang

Der Lebensweg Steiners beginnt umgeben von damals modernster Technik. Sein Vater ist Telegrafist bei der gerade neu gebauten Österreichischen Südbahn. Darüber schreibt Steiner in seiner Autobiografie: *«Ich glaube, dass es für mein Leben bedeutsam war, in einer solchen Umgebung die Kindheit verlebt zu haben. Denn meine Interessen wurden stark ins Mechanische dieses Daseins hineingezogen.»*

Steiner studiert Mathematik, Physik, Biologie und Chemie. Sein Leben lang hält er sich über die neuesten Erkenntnisse auf dem Laufenden. Seine Vorträge und Kurse über Mathematik, Physik, Astronomie und Embryologie zeigen ein umfangreiches Detailwissen.

Qualitätsuntersuchungen im Forschungslabor
der anthroposophischen Heilmittelfirma WALA

Goetheanismus und seine Weiterentwicklung

Bedeutsam wird für Steiner die Beschäftigung mit Goethes naturwissenschaftlichen Schriften. Ihn beeindruckt dessen Forschungsmethode, vom Ganzen auszugehen und daraus die Einzelheiten zu erklären. Newtons Theorie über das Licht stellt Goethe seine eigenen Untersuchungen an Lichterscheinungen und farbigen Schatten entgegen. Darin zeigt er, dass nicht das Licht allein alle Farben schon enthält und in sie «zerlegt» werden kann, sondern dass die Farben nur in der Begegnung von Licht und Finsternis entstehen.

Bei den lebendigen Organismen sieht Goethe die einzelne Form als Verwandlung eines Grundmotivs, das er «Typus» nennt. In dieser Idee der Metamorphose entdeckt Steiner erstmals eine Methode zur Erforschung der organischen Welt, auf der er aufbauen kann. Er sieht den Stoff als einen zur Ruhe gekommenen Prozess. Deswegen muss das wissenschaftliche Denken so beweglich werden, dass man zur Genese der Stoffbildung vordringen kann.

Dazu beschreibt er zum Beispiel eine Übung, bei der man von einem

Johann Wolfgang von Goethe, Entstehung der Farben durch Licht und Finsternis

Farbige Schatten in der Natur und im Versuch

Glashaus, Sitz der Naturwissenschaftlichen Sektion am Goetheanum, (Entwurf: Steiner)

konkreten Samenkorn ausgeht, das man genau betrachtet. Dann stellt man sich vor, wie es keimt, wie sich ein Würzelchen nach unten schiebt, dann nach oben die ersten lang gestielten einfachen Blättchen folgen. Man bildet innerlich Blatt für Blatt mit den Differenzierungen der Formen, mit Ausbreiten und Zusammenziehen der Fläche. Dann folgt die Blüte mit Kelch und Krone, Staubgefäßen und Stempel, um mit der Samenbildung die Entwicklung zum Abschluss zu bringen.

Intensives Üben solcher Vorstellungsreihen führt zum Erleben der Kräfte, die in der Gestaltbildung wirken. Es sind Lebensvorgänge, die als ganzheitliches Prozessgeschehen den Organismus aufbauen, erhalten, verwandeln und fortpflanzen. Steiner fasst sie unter dem Begriff «Ätherleib» zusammen. Beim Tod zieht sich dieser aus dem lebendigen Organismus zurück, und die Stoffe unterliegen dann den rein physikalisch-chemischen Gesetzen, die Gestalt zerfällt. Der Ätherleib unterliegt nicht den räumlich irdischen Einflüssen der Schwerkraft. Er wirkt in der Zeit und wird beeinflusst von den kosmischen Rhythmen der Sonne und der Planeten.

Diese Lebensorganisation ist auch der Träger des Goetheschen «Typus», der Idee eines Lebewesens. Auf unterschiedliche Umwelteinflüsse antwortet sie mit Anpassung der Gestalt und der physiologischen Prozesse. Vorgänge der Genetik und Epigenetik sind Ausdruck ihrer Tätigkeit.

Steiner kritisiert die Selbstbeschränkung der Naturwissenschaft auf das Physisch-Materielle. Die Untersuchung der Atome, Moleküle, genetischen Strukturen allein führt nicht zu einem umfassenden Verständnis. Daher werden Modellvorstellungen gebildet und Theorien formuliert. Steiner verlangt hingegen, dass der Naturwissenschaftler sein Denken weiterentwickelt, um die Ideen wahrnehmen zu lernen, die in der anorganischen wie in der organischen Natur wirken.

Anthroposophische Naturwissenschaft heute

1924 hat Steiner eine naturwissenschaftliche Sektion an der Freien Hochschule für Geisteswissenschaft am Goetheanum eingerichtet, die bis heute mit seinem holistischen Wissenschaftsansatz arbeitet. Darüber hinaus befassen sich weltweit anthroposophische Forschungseinrichtungen mit Fragen der Landwirtschaft, der Genetik und Evolution, mit Saatgut, Bienen, Wasser oder Heilmittelherstellung.

Zu nahezu allen Lebens- und Wissenschaftsbereichen gibt es Forschungsinitiativen.

Anthroposophische Forschung versucht, auf neue Weise zu denken und selbstverständlich gewordene Theorien infrage zu stellen. Steiner war es wichtig, dass der Forscher sich selbst nicht ausblendet, sondern sein Tun reflektiert und in den Wissenschaftsprozess einbezieht. So können auch die Folgen der Erkenntnis abgeschätzt werden. Die drängenden Zeitfragen wie Gentechnik, Atomkraft oder pränatale Diagnostik verlangen kreative Lösungen wirklich unabhängiger und verantwortlicher Wissenschaftler.

li: Unterschiedliche Wuchsformen in Abhängigkeit vom Aussaattermin
re: Versuchsauswertungen

Versuchsreihe mit biologisch-dynamisch gezüchteten Weizensorten

Prototyp eines Hexagon-Mechanismus zur Umwandlung von Strömungsenergie

- Das Einzelne ist nur aus dem Ganzen zu verstehen; das Ganze ist mehr als die Summe seiner Bestandteile
- Wissenschaft bedeutet Verinnerlichung von Erfahrungen durch Erkennen
- Farben entstehen im Zusammenspiel von Licht und Finsternis
- Alles in der Welt hängt mit allem zusammen
- Wissenschaftliche Erkenntnis entsteht durch den Menschen; er ist Teil des Wissenschaftsprozesses

Institut für Strömungswissenschaften: Wasserqualität zeigt sich im Tropfbild.
Leitungswasser mäßiger Qualität (oben), frisches Quellwasser (unten)

Dr. Johannes Wirz, Biologe am Forschungsinstitut am Goetheanum, Dornach:

«Durch seine Schriften und Vorträge spricht Rudolf Steiner zu mir als Arbeitskollege. Er ist mein täglicher intimer Begleiter und Quelle meiner Inspirationen. Ich höre ihn sagen: Nicht verehren sollst du mich, sondern verstehen. Unsere «Zusammenarbeit» ist verbindlich und gleichzeitig freilassend.»

- Statt Theorien auszudenken, soll das Denken lernen, Ideen wahrzunehmen
- Wissenschaft und Forschung brauchen Freiheit und Unabhängigkeit von staatlichen Einflüssen und wirtschaftlichen Interessen
- Die Verantwortung der Wissenschaft liegt in der Abschätzung der Folgen ihrer Forschung
- Wissenschaft ist Wandlung des Menschen durch Erkenntnis

Dank

Der erste Dank gilt der Grafikerin Sophia Heyden.
Ohne ihren Einsatz und ihre sorgsame, konstruktive
Kritik wären das vorliegende Buch und auch die ihm
zugrunde liegende Ausstellung nicht möglich geworden.

Nina Roberta Kalinichenko und Cosima Scheiner verdanke ich die wichtigsten Anregungen und Korrekturen.

Viele Menschen haben Fotos zur Verfügung gestellt, Texte kritisch gegengelesen oder Übersetzungen in andere
Sprachen angefertigt.

In Ramon Brüll vom Info3 Verlag und Jonathan Stauffer
vom Futurum Verlag fanden sich zwei engagierte Verleger zu einer gemeinsamen Veröffentlichung zusammen.

Und nicht zuletzt hat mich mein Mann geduldig und
fachkundig unterstützt.

Ihnen allen möchte ich hier ganz herzlich danken.

Elisabeth Beringer

Über die Autorin

1988   Mitbegründerin des Keyserlingk-Instituts und
        Vereins zur Förderung der Saatgutforschung im
        biologisch-dynamischen Landbau e.V. in Salem.
        Seitdem freie Mitarbeit.

1995   Gründerin einer Ausbildungsstätte für Waldorf-
        lehrer und -erzieher in der Ukraine und bis 2002
        deren Leiterin.

Verfasserin von Ausstellungen:

1996   über biologisch-dynamische Züchtung in Europa
        für eine UNO-Konferenz zur Erhaltung der bio-
        logischen Vielfalt.

2011   «Rudolf Steiner - Leben und Werk» als Druck-
        und Übersetzungsvorlage für interessierte
        Initiativen im In- und Ausland.

2012   zur biologisch-dynamischen Züchtung im
        Keyserlingk-Institut Salem.

Zahlreiche Veröffentlichungen von Artikeln und
Rezensionen.

Internationale Vortrags- und Seminartätigkeit.

Weitere Informationen: www.elisabeth-beringer.de

Quellenangaben:

Seite 11, alle: Rudolf Steiner: *Mein Lebensgang*. Dornach 2000

Seite 13-1: Rudolf Steiner: *Mein Lebensgang*. Dornach 2000

Seite 13-2: Rudolf Steiner: *Aus dem mitteleuropäischen Geistesleben*. Dornach 1962

Seite 15-1: Rudolf Steiner: *Briefe*. Dornach 1987

Seite 15-2 und -3: Rudolf Steiner: *Mein Lebensgang*. Dornach 2000

Seite 16, beide: Rudolf Steiner: *Mein Lebensgang*. Dornach 2000

Seite 17: Christoph Lindenberg: *Rudolf Steiner – eine Biographie*. Stuttgart 1997

Seite 20: Andrej Belyj: *Verwandeln des Lebens*. Basel 1975

Seite 21: M. J. Krück von Poturzyn (Hrsg.): *Wir erlebten Rudolf Steiner*. Stuttgart 1970

Seite 23: Igor Levichev: *Die Anthroposophie im Werk und Schicksal von Maximilian Woloschin*. Koktebel 2007

Seite 25: Herbert Hahn: *Begegnungen mit Rudolf Steiner*. Stuttgart 1991

Seite 28: Rudolf Steiner: *Konferenzen mit den Lehrern der Freien Waldorfschule in Stuttgart*. Dornach 1975

Seite 29-1: Rudolf Steiner: *Die Konstitution der Allgemeinen Anthroposophischen Gesellschaft und der Freien Hochschule für Geisteswissenschaft*. Dornach 1987

Seite 29-2: Rudolf Steiner: *Handschriften und Tafelzeichnungen zur Weihnachtstagung 1923/1924*. Dornach 1987

Seite 29-3: M. J. Krück von Poturzyn (Hrsg.): *Wir erlebten Rudolf Steiner*. Stuttgart 1970

Seite 33-1: Ludwig Polzer-Hoditz: *Erinnerungen an Rudolf Steiner*. Dornach 1985

Seite 33-2: M. J. Krück von Poturzyn (Hrsg.): *Wir erlebten Rudolf Steiner*. Stuttgart 1970

Seite 38-1: Carlgeorg Stoffregen (Hrsg.): *Goethe – Natur*. München 1962

Seite 38-2: Rudolf Steiner: *Philosophie der Freiheit*. Dornach 1995

Seite 39: Friedrich von Schiller: *Über die ästhetische Erziehung des Menschen in einer Reihe von Briefen,* Darmstadt 1984

Seite 40-1: Rudolf Steiner: *Geisteswissenschaftliche Gesichtspunkte zur Therapie*. Dornach 2001

Seite 40-2: Rudolf Steiner: *Esoterische Betrachtungen karmischer Zusammenhänge*. Dornach 1991

Seite 43: Rudolf Steiner: *Wie erlangt man Erkenntnisse der höheren Welten?* Dornach 1992

Seite 51: Rudolf Steiner: *Kunst und Kunsterkenntnis*. Dornach 1985

Seite 52-1: Friedrich von Schiller: *Über die ästhetische Erziehung des Menschen in einer Reihe von Briefen,* Darmstadt 1984

Seite 52-2: Rudolf Steiner: *Kunst und Kunsterkenntnis*. Dornach 1985

Seite 53, beide: Rudolf Steiner: *Kunst und Kunsterkenntnis*. Dornach 1985

Seite 57: Heinz Müller: *Spuren auf dem Weg*. Stuttgart 1983

Seite 59: Christian Stuten: *Die künstlerische Entwicklung Rudolf Steiners vom ersten zum zweiten Goetheanum-Bau*. Dornach 2001

Seite 61: Anthony Tischhauser: *Bewegte Form – Der Architekt Imre Makowecz*. Stuttgart 2001

Seite 63: E. Beltle und K. Vierl (Hrsg.): *Erinnerungen an Rudolf Steiner*. Stuttgart 1979

Seite 64, beide: Rudolf Steiner: *Eurythmie – die Offenbarung der sprechenden Seele*. Dornach 1999

Seite 65: Jörg von Kralik: *Sprachgestaltung und dramatische Bühnenkunst*. Dornach 1984

Seite 67: Michael Tschechow: *Die Kunst des Schauspielers*. Stuttgart 2010

Seite 69: Rudolf Steiner: *Die Kernpunkte der sozialen Frage*. Dornach 1976

Seite 71 beide: Rudolf Steiner: *Die Kernpunkte der sozialen Frage*. Dornach 1976

Seite 76: Rudolf Steiner: *Die Erkenntnisaufgabe der Jugend*. Dornach 1920

Seite 81: Rudolf Steiner: *Vier Mysteriendramen*. Dornach 1998

Seite 82-1: Rudolf Steiner: *Heilpädagogischer Kurs*. Dornach 1995

Seite 82-2: M. J. Krück von Poturzyn (Hrsg.): *Wir erlebten Rudolf Steiner*. Stuttgart 1970

Seite 83: Rudolf Steiner: *Heilpädagogischer Kurs*. Dornach 1995

Seite 90: Rudolf Steiner: *Meditative Betrachtungen und Anleitungen zur Vertiefung der Heilkunst*. Dornach 1999

Seite 94: Rudolf Steiner: *Geisteswissenschaftliche Grundlagen zum Gedeihen der Landwirtschaft*. Dornach 1999

Seite 99: Rudolf Steiner: *Wie erlangt man Erkenntnisse der höheren Welten?* Dornach 1992

Bildnachweise:

Titel: Rudolf Steiner Archiv · www.rudolf-steiner.com
Innentitel: Otto Rietmann · www.goetheanum.org

Biographie:

Rudolf Steiner Archiv · www.rudolf-steiner.com	Seiten: 9; 11 - 17; 20; 21; 23 - 25; 28; 32
Carl von Zamboni · www.wikipedia.org	Seite: 10
Stadtgemeinde Ternitz · www.ternitz.gv.at	Seite 12
IMAGNO brandstätter images · www.imagno.at	Seite 16
Gustav-Adolf Schultze · www.wikipedia.de	Seite 16
Theosophische Gesellschaft Australien · www.austheos.org	Seite: 17
Bühnenarchiv am Goetheanum · www.goetheanum.ch	Seiten: 18; 21
Otto Rietmann · www.goetheanum.org	Seiten: 19; 22; 24 - 27; 30; 31
Stiftung Haus und Museum M. A. Woloschin · www.gpntb.ru	Seite: 24
Die Christengemeinschaft · www.christengemeinschaft.org	Seite: 27
Albert Steffen-Stiftung · www.steffen-stiftung.ch	Seite: 28
Forschungsstelle Kulturimpuls · www.kulturimpuls.org	Seiten: 29; 32
Michael Schnur · www.m-schnur-verlag.de	Seite: 33

Gedankenwelt:

Rudolf Steiner Archiv · www.rudolf-steiner.com	Seiten: 35; 37; 41; 44; 45
Deutsches Literaturarchiv Marbach · www.dla-marbach.de	Seite: 36
Michael Schnur · www.m-schnur-verlag.de	Seite: 38
Keyserlingk-Institut · www.saatgut-forschung.de	Seite: 41
Gerbert Grohmann	Seite: 42
Jakob Voss · www.wikipedia.de	Seite: 44
Matthias Grünewald (1475 - 1528)	Seite: 47
Albrecht Dürer (1471 - 1528)	Seite: 47

Impulse:

Rudolf Steiner Archiv · www.rudolf-steiner.com	Seiten: 49; 51; 52; 57; 58; 70; 75
Elisabeth Beringer · www.elisabeth-beringer.de	Seiten: 50; 54; 70; 100;
Jurij A. Zavadskij · www.anthrowiki.info	Seite: 52
Otto Rietmann · www.goetheanum.org	Seiten: 52, 56
Stiftung Haus und Museum M. A. Woloschin · www.gpntb.ru	Seite: 52
Imre Makovecz · www.makovecz.hu	Seite: 52

Gertrud von Heydebrand · www.staatsarchiv.bs.ch	Seite: 58
Christian Stuten · www.zeitundlandschaft.com	Seiten: 60; 61
Jochen Quast · www.jochenquast.de	Seiten: 62; 64; 66
Charlotte Fischer · www.lottefischer.de	Seiten: 63; 64; 66; 67; 74; 76; 78; 79; 81; 82
Hanspeter Walter · www.hanspeter-walter.de	Seite: 68
Universität Witten/Herdecke · www.uni-wh.de	Seiten: 69; 72
Buschberghof · www.buschberghof.de	Seite: 70
WALA Heilmittel GmbH · www.wala.de	Seiten: 70; 90; 91; 98
Fanny-Min Becker, M International Resources Ltd ·www.fair-and-healthy.com	Seite: 70
GLS Bank · www.gls.de	Seite: 72
Michael von der Lohe · www.omnibus.org	Seite: 72
Rapunzel Naturkost · www.rapunzel.de	Seite: 73
Freunde der Erziehungskunst Rudolf Steiners e.V. · www.freunde-waldorf.de	Seiten: 75; 76; 78
Isabel Meyer · www.isabelmeyer.de	Seite: 76
Camphill Dorfgemeinschaft Hermannsberg · www.hermannsberg.de	Seiten: 80; 84; 85
Heimsonderschule Föhrenbühl · www.foehrenbuehl.de	Seite: 82
Camphill Dorfgemeinschaft Lehenhof · www.lehenhof.de	Seite: 84
DAMiD Dachverband Anthroposophische Medizin in Deutschland · www.damid.de	Seiten: 86; 88
Ita Wegman Klinik AG · www.wegmanklinik.ch	Seite: 87
Forschungsstelle Kulturimpuls · www.kulturimpuls.org	Seite: 88
Die Filderklinik · www.filderklinik.de	Seite 88
Axel Maruszat · www.wikipedia.org	Seite: 90
Axel Gutjahr · www.fotolia.de	Seite: 90
Peter Apfelstädt · www.hermannsberg.de	Seiten: 92; 94
A. Graf Keyserlingk: Koberwitz 1924. Hilfswerk Elisabeth	Seite: 93
EU Kommission, Ökologische Landwirtschaft · www.ec.europa.eu	Seiten: 93; 94; 96
Oswald Kunstmann · www.fotolia.com	Seite: 94
pegasus425 · www.sevenload.de	Seite: 94
Keyserlingk-Institut · www.saatgut-forschung.de	Seiten: 96; 102
Pro Specie Rara · www.prospecierara.ch	Seiten: 96; 97
Kay Ransom · www.fotolia.com	Seite: 99
Klassik Stiftung Weimar · www.klassik-stiftung.de	Seite: 100
Susanne Böttge · susanne.boettge@goetheanum.ch	Seite: 100
Johannes Wirz · www.science.goetheanum.org	Seite: 100
Oliver Conradt · www.mas.goetheanum.org	Seite: 102
Institut für Strömungswissenschaften · www.stroemungsinstitut.de	Seite: 103

Weitere Bücher aus dem Rudolf Steiner und Futurum Verlag

Rudolf Steiner
Mein Lebensgang
Herausgegeben von Marie Steiner
Mit 78 Abbildungen
518 Seiten, Klappenbroschur
ISBN 978-3-7274-5713-5

Rudolf Steiner
Die Philosophie der Freiheit
Grundzüge einer modernen Weltanschauung –
Seelische Beobachtungsresultate nach
naturwissenschaftlicher Methode
518 Seiten, Broschur
ISBN 978-3-7274-6361-7

Rudolf Steiner
Theosophie
Einführung in übersinnliche Welterkenntnis
und Menschenbestimmung
204 Seiten, Broschur
ISBN 978-3-7274-6151-4

Taja Gut
Aller Geistesprozess ist ein Befreiungsprozess
Der Mensch Rudolf Steiner
Eine Einführung. 8 Abb.
88 Seiten, Broschur
ISBN 978-3-85636-133-4

Der andere Rudolf Steiner
Augenzeugenberichte, Interviews, Karikaturen
Herausgegeben von Wolfgang G. Vögele
403 Seiten, Broschur
ISBN 978-3-85636-226-3

Rudolf Steiner
Stichwort Angst
Herausgegeben und zusammengestellt von Taja Gut
71 Seiten, Broschur
ISBN 978-3-7274-4902-4

Rudolf Steiner
Stichwort Anthroposophie
Herausgegeben und zusammengestellt von Hans Stauffer
95 Seiten, Broschur
ISBN 978-3-85636-382-6

Rudolf Steiner
Die Welt der Pädagogik
Ausgewählte Texte, herausgegeben und kommentiert
von Urs Dietler
259 Seiten, Broschur
ISBN 978-3-7274-5377-9

Rudolf Steiner
Die Erziehung des Kindes
Ein Aufsatz und zwei Vorträge 1906 und 1907
(aus GA 34 und 55)
Eingeleitet von Cornelius Bohlen
88 Seiten, Broschur
ISBN 978-3-85636-361-1

www.steinerverlag.com
www.futurumverlag.com

Weitere Bücher aus dem Info3-Verlag

Axel Ziemke
Im Netzwerk der Unsterblichkeit
Ist Reinkarnation möglich?
Ein Biochemiker und ein Philosoph im Selbstgespräch
über Gehirn, Bewusstsein und geistige Welten.
160 Seiten, gebunden,
ISBN 978-3-924391-36-2

Gary Lachman
Die Rudolf Steiner Story
Ein neuer Blick auf Leben und Werk
eines spirituellen Pioniers
278 Seiten, gebunden,
ISBN 978-3-924391-40-9

Frank Meyer
Besser leben durch Selbstregulation
Ein heilsamer Begleiter durch Gesundheit und Krankheit
240 Seiten, Broschur
ISBN 978-3-924391-38-6

János Darvas
Gotteserfahrungen
Perspektiven der Einheit.
Anthroposophie und der Dialog der Religionen
144 Seiten, Broschur
ISBN 978-3-924391-41-6

Jens Heisterkamp (Hg.)
Kapital = Geist
Pioniere der Nachhaltigkeit:
Anthroposophie in Unternehmen (Arbeitstitel)
172 Seiten, Klappenbroschur Duotone Schwarz/Kupfer
ISBN 978-3-924391-42-3

Walter Seyffer
Helden für ein Leben
Die heldenhafte Lebensreise des Menschen
nach Joseph Campbell
und ihr Einfluss auf den individuellen Lebenslauf
Ein Beitrag zur anthroposophischen Biographiearbeit
320 Seiten, Broschur
ISBN 978-3-924391-59-1

Andreas Laudert
Durch Einander
Eine Phantasie
Ein literarisches Sachbuch
über die Zukunft der Anthroposophie
93 Seiten, Broschur mit Schutzumschlag
ISBN 978-3-924391-61-4

Sebastian Gronbach
Die Kraft der Tugend
Ein Begleiter durch das Jahr
91 Seiten, gebunden
ISBN 978-3-924391-49-2

www.info3.de